高等院校应用型本科"十三五"精品教材

应 用 统 计

梁 涛　刘 赪　赵联文 ◎ 主编

《应用统计》数据文件下载

西南交通大学出版社
·成　都·

内容简介

本书从实际案例入手，强调现实问题到统计问题的抽象提炼，结合 SPSS 软件的实际操作，将数据分析结果放回实际背景中阐述，突出统计分析的最终形式不是解数学题，而是形成完整的分析报告。关于主要统计思想和方法，各章节配套有相应的数据实验报告作为课后练习，便于教学使用。本书对数学基础要求不多，学生通过对应用统计的学习，不仅能用计算机处理各种数据，而且能够独立完成具体问题的统计分析报告。

图书在版编目（CIP）数据

应用统计 / 梁涛，刘赪，赵联文主编. —成都：西南交通大学出版社，2022.2
ISBN 978-7-5643-8591-0

Ⅰ. ①应… Ⅱ. ①梁… ②刘… ③赵… Ⅲ. ①应用统计学 – 高等学校 – 教材 Ⅳ. ①C8

中国版本图书馆 CIP 数据核字（2022）第 017470 号

Yingyong Tongji

应用统计

梁 涛 刘 赪 赵联文 主编

责任编辑	孟秀芝
封面设计	GT 工作室
出版发行	西南交通大学出版社 （四川省成都市金牛区二环路北一段 111 号 西南交通大学创新大厦 21 楼）
邮政编码	610031
发行部电话	028-87600564　028-87600533
网址	http://www.xnjdcbs.com
印刷	四川森林印务有限责任公司
成品尺寸	185 mm × 260 mm
印张	9.25
字数	208 千
版次	2022 年 2 月第 1 版
印次	2022 年 2 月第 1 次
定价	28.00 元
书号	ISBN 978-7-5643-8591-0

课件咨询电话：028-81435775
图书如有印装质量问题　本社负责退换
版权所有　盗版必究　举报电话：028-87600562

前 言

只要有数据就离不开统计学！统计学无处不在，但统计学又让很多学生心生畏惧。很多学生，尤其是非统计专业的学生，都认为学习统计就是面对一堆繁琐公式去代入数据计算，然而他们忽略了统计学的目的是解决实际问题。如何帮助学生克服学习中的障碍，领悟统计方法解决实际问题的基本原理，同时具备数据的统计分析能力？我们不鼓励学生死记硬背，但要求会利用 SPSS 软件操作，在统计分析报告的完成过程中学到本领，得到乐趣。

本书的初衷是讲述以解决具体问题为线索的统计学，主要特点如下：

1. 以问题驱动为导向，每一个具体方法的讲解都选择实际案例，突出"问题提炼→分析思想→实现过程→结果阐述"的统计分析主线；

2. 对数学基础要求少，全书没有手工计算要求，强调统计分析的 SPSS 软件实现，尤其注意对如何在软件输出的众多图表结果中找到自己真实所需；

3. 每个章节配套有数据实验报告的练习，针对性强，便于学生理解和巩固所学内容。

在本书的编写过程中，查阅了大量的相关教材和资料，选用或借鉴了其中的有关内容和习题，在此谨向有关编者或作者一并表示感谢。

期待这本教材能够帮助学生更轻松地迈入统计学的大门。

编 者

于西南交通大学

2021 年 12 月

目录

0 绪　论 …………………………………………………………………………………… 001

1 数据的可视化分析 ……………………………………………………………………… 003
　1.1 单组数据的可视化分析 …………………………………………………………… 003
　1.2 多组数据的可视化分析 …………………………………………………………… 018
　1.3 定性数据的可视化分析 …………………………………………………………… 027
　1.4 信度分析和效度分析 ……………………………………………………………… 032
　　1.4.1 信度 ………………………………………………………………………… 032
　　1.4.2 效度 ………………………………………………………………………… 036

2 随机变量与分布 ………………………………………………………………………… 038
　2.1 概率的计算 ………………………………………………………………………… 038
　2.2 离散型随机变量的分布 …………………………………………………………… 039
　　2.2.1 二项分布（Binomial Distribution） ……………………………………… 040
　　2.2.2 超几何分布（Hypergeometric Distribution） …………………………… 042
　　2.2.3 泊松分布（Poisson Distribution） ………………………………………… 042
　2.3 连续型随机变量的分布 …………………………………………………………… 043
　　2.3.1 均匀分布（Uniform Distribution） ………………………………………… 045
　　2.3.2 正态分布（Normal Distribution） ………………………………………… 046

3 抽样分布 ………………………………………………………………………………… 048
　3.1 样本均值的分布 …………………………………………………………………… 048
　3.2 样本比例的分布 …………………………………………………………………… 052
　3.3 源于正态分布的3个抽样分布 …………………………………………………… 053
　　3.3.1 χ^2分布 ……………………………………………………………………… 053
　　3.3.2 t分布 ………………………………………………………………………… 054
　　3.3.3 F分布 ………………………………………………………………………… 055
　3.4 正态性假定的图形检验 …………………………………………………………… 055

4 总体参数的估计 ………………………………………………………………………… 058
　4.1 单正态总体参数的估计 …………………………………………………………… 058

- 4.2 两正态总体均值差的估计 ·· 063
  - 4.2.1 两个独立正态分布总体均值差 $\mu_1 - \mu_2$ 的估计 ····························· 063
  - 4.2.2 配对正态分布总体均值差 $\mu_D = \mu_1 - \mu_2$ 的估计 ························· 065
- 4.3 总体比例 p 的估计 ·· 067
- 4.4 样本量的确定* ··· 069

5 总体参数的假设检验 ··· 072
- 5.1 假设检验的基本思想 ·· 072
- 5.2 单正态总体均值的显著性检验 ·· 074
- 5.3 两正态总体的均值比较 ·· 078
  - 5.3.1 两个独立正态总体的均值比较 ··· 078
  - 5.3.2 配对样本的正态总体均值比较 ··· 082
- 5.4 关于总体比例 p 的假设检验 ·· 084

6 方差分析 ··· 087
- 6.1 单因子方差分析 ··· 088
  - 6.1.1 方差分析的基本思想 ·· 088
  - 6.1.2 单因子方差分析的具体实现 ·· 089
- 6.2 多因子方差分析 ··· 096
  - 6.2.1 无重复试验的多因子方差分析 ··· 097
  - 6.2.2 有重复试验的多因子方差分析 ··· 103

7 相关分析 ··· 110
- 7.1 定性变量之间的相关分析 ·· 110
- 7.2 定量变量之间的相关分析 ·· 114
  - 7.2.1 相关分析的基本概念 ·· 114
  - 7.2.2 定量变量的相关分析 ·· 116

8 回归分析 ··· 122
- 8.1 线性回归分析 ··· 122
  - 8.1.1 回归分析的基本思想 ·· 122
  - 8.1.2 线性回归分析的具体实现 ·· 125
- 8.2 Logistic 回归分析 ·· 134
  - 8.2.1 二分类 Logistic 回归模型 ··· 135
  - 8.2.2 二分类 Logistic 回归分析的具体实现 ·· 136

参考文献 ··· 142

绪 论 0

统计学是分析数据的科学，毫不夸张地说：只要有数据，就会有统计学的用武之地。但需要注意的是，数据分析方法只是手段，最终目的总是要将分析结果用于具体问题的解决。

学习统计，仅仅会做题是远远不够的，更重要的是面对实际问题，能够将实际问题抽象提炼成统计问题，进而用相应的统计分析方法展开计算，最后则是将计算结果再放回实际问题的背景进行阐述，形成完整的统计分析报告。而这个计算过程现实中也都是利用计算机实现的。

因此，对于非统计专业的学生而言，首要掌握的应当是现实问题到统计问题的抽象提炼过程，进一步就是根据统计问题的具体形式来选择恰当的数据分析方法，关于具体计算的要求则是对统计软件的掌握。

本书的编写初衷是讲述以问题驱动为线索的统计学，所有计算都用 SPSS 软件实现，帮助学生搭建统计分析的逻辑框架。强调统计的应用，而非计算！

本书分为 8 章，各章主要内容如下：

第 1 章 数据的可视化分析

数据的统计分析一定是由初步到深入，关于数据基本特征的提炼和展示，分别以单组数据、多组数据、定性数据三种情况具体介绍。调查问卷是获取数据的常用手段，对于问卷自身的信度分析和效度分析也是初步分析的内容。

第 2 章 随机变量与分布

概率论是统计推断的基础，其核心概念就是随机变量及其分布。结合实例，尝试用简单明了的语言讲清楚三个基本问题：概率的计算、离散型随机变量的分布、连续型随机变量的分布。

第 3 章 抽样分布

样本的随机性导致统计量的随机性，其分布规律的刻画即抽样分布。利用图形等直观形式解释样本均值以及样本比例的分布，并特别介绍了关于分布的图形检验法。

第 4 章 总体参数的估计

参数估计是统计推断中的两个基本问题之一。结合不同类型的具体实例，按照"问题分析→具体实现→结果阐述"的三段式结构，具体讲解单正态总体、两正态总体、总体比例的点估计和区间估计。

第 5 章 总体参数的假设检验

估计和假设检验是统计推断中的两个基本问题。通过实例，重点阐述假设检验的基本思想，然后依旧按照三段式结构，分别讲解了单正态总体、两正态总体、总体比例的假设检验。

第 6 章 方差分析

结合具体实例，首先明确方差分析解决的统计问题是什么？后续关注问题有哪些？然后根据问题本身自然地引出直观思想，运用 SPSS 软件完成分析的实现过程，以及对分析结果的专业解读。

第 7 章 相关分析

通过实例，按照三段式结构分别对定性变量之间、定量变量之间的相关分析展开讲解，并特别介绍了偏相关分析。

第 8 章 回归分析

回归分析的目的是希望利用函数更清晰地刻画自变量和因变量之间的关系。针对因变量的不同类型，结合实例，分别介绍了线性回归分析和 Logistic 回归分析。

本书所有统计方法都配有实际案例，以"问题分析→具体实现→结果阐述"的三段式结构来突出统计分析的逻辑主线，在"具体实现"部分每一步骤都有 SPSS 软件的操作截图，便于教学使用或者读者自学。

1 数据的可视化分析

数据（data）是统计学的绝对主角，其表现形式具有多样化，其本质就是对客观事件进行记录并可以鉴别的符号。随着科技发展和社会进步，金融、保险、信息、商业、旅游、工业、遥感、军事、工程可靠性以及生物医学等领域都在不断产生大量的数据，数据可以是一维的或多维的，可以是定量的或定性的，可以是数值的或文字的……

数据虽然包含了大量的信息，但信息总是隐藏其中，仅仅浏览原始数据只会深陷其中而不明所以，统计方法则是帮助我们抽丝剥茧、洞悉深层奥秘的有力工具。通过一系列由浅入深、由粗略到精深的统计分析，隐藏于数据之中的信息才能逐渐呈现在我们面前。

通常而言，数据的统计分析可以分为描述性统计和统计推断两个环节。前者可以看作是数据的基本特征提炼和展示；后者则是以概率论为理论基础，通过样本数据对总体特征进行推断，并给出推断结论的可信度（或者出错可能性）。

描述性统计尝试给出数据的基本画像，即可视化分析。其目的是快速发现数据的基本特征。其主要工具有表格、图形以及简单的特征量计算。以下分三种情况进行介绍：单组数据、多组数据、定性数据。

1.1 单组数据的可视化分析

对于一组具体的数据，我们通常会通过计算均值、中位数、众数和四分位数等特征量，了解它们的取值主要集中在什么位置，或者说这些数据的集中趋势；通过计算极差、样本方差和标准差等特征量，来描述数据的分散程度。这些特征量的计算可以自己实现，也可以利用 SPSS 软件的描述性统计来实现。

以下结合实例给出单组数据的可视化分析：首先明确我们希望了解数据的哪些重点特征，梳理分析思路，以此为主线，再结合 SPSS 给出单组数据的初步可视化分析，并对其中的特征量进行相应介绍。

【例 1-1】某单位对 50 名女性测定血清总蛋白含量（单位：g/L），数据如表 1-1 所示。

表 1-1 相关数据

75.0	73.5	78.8	74.3	65.0	76.5	74.3	75.4	69.7	72.7
73.5	75.0	72.0	64.3	76.5	77.6	69.7	72.0	73.5	74.3
75.8	75.8	68.8	76.5	70.4	71.2	81.2	75.0	70.4	68.0
70.4	72.0	76.5	74.3	75.8	80.3	67.3	74.3	75.0	73.5
73.5	79.5	73.5	74.7	75.8	65.0	81.6	71.2	72.7	68.0

问题分析

对于这样一组数据，我们采用图表相结合的可视化分析，以快速了解以下信息：
（1）数据的集中特征——均值、中位数、众数；
（2）数据的离散特征——最小值，最大值，极差，样本标准差；
（3）各个数据段的频数。

实现过程

利用 SPSS 软件，建立数据文件"数据 1_血清数据.sav"，在"分析"下拉菜单依次选择"描述性统计"→"频率"，如图 1-1 所示。

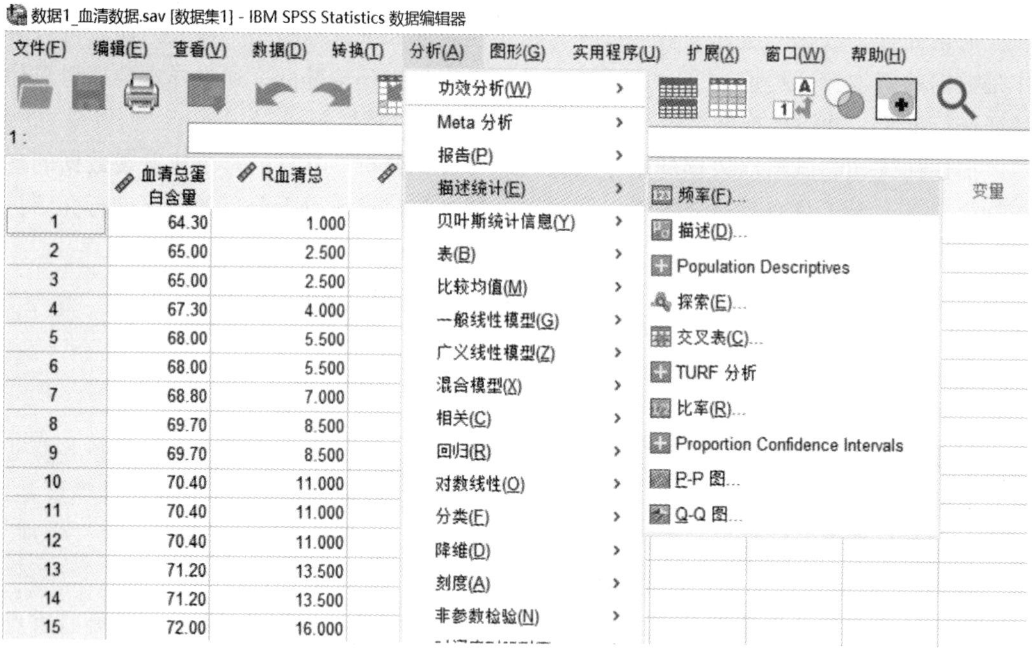

图 1-1 频率分析的找寻路径

这时弹出对话框，如图 1-2 所示。

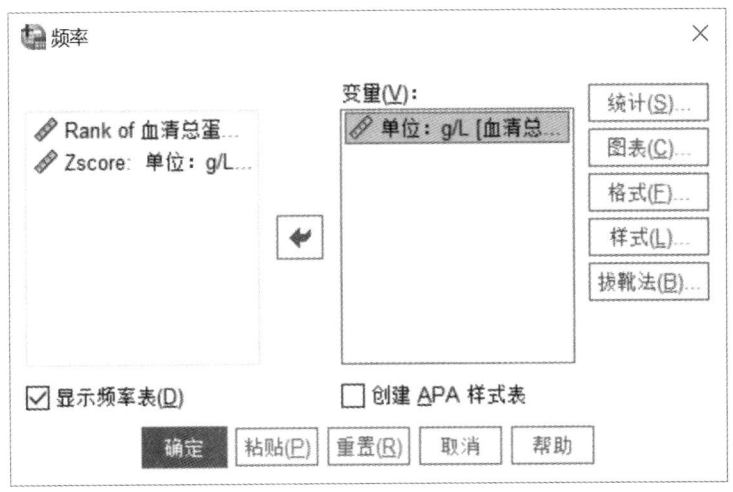

图 1-2 频率分析对话框

点击右上角"统计"按钮,弹出图 1-3 所示的统计量对话框。

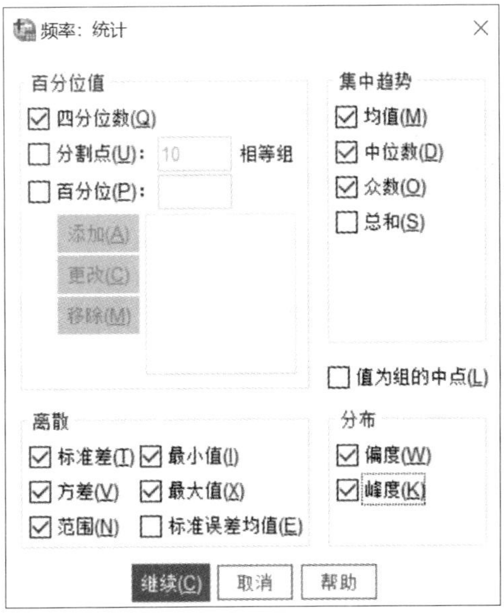

图 1-3 统计量对话框①

在统计量对话框中,可以选择所需要的统计量,具体分为 4 个部分:百分位值、集中趋势、离散程度、分布特征。这 4 个部分的选项都是复选项,后面在"结果阐述"部分会具体解释所选择的这些选项。

点击"继续"按钮,返回频率分析对话框(见图 1-2),点击底部左数第一个"确定"按钮之后,就会得到表 1-2、表 1-3 所示的输出结果。

---

① 图 1-3 左下角的选项"范围",即统计学中定义的"极差",后面会有相应介绍。

结果阐述

输出结果如表 1-2、表 1-3 所示。

表 1-2　描述统计量　单位：g/L

个案数	有效	50
	缺失	0
平均值		73.4320
中位数		73.9000
众数		73.50
标准偏差		3.91936
方差		15.361
偏度		-.298
偏度标准误差		.337
峰度		.201
峰度标准误差		.662
最小值		64.30
最大值		81.60
百分位数	25	71.0000
	50	73.9000
	75	75.8000

表 1-3　频率表　单位：g/L

		频率	百分比	有效百分比	累积百分比
有效	64.30	1	2.0	2.0	2.0
	65.00	2	4.0	4.0	6.0
	67.30	1	2.0	2.0	8.0
	68.00	2	4.0	4.0	12.0
	68.80	1	2.0	2.0	14.0
	69.70	2	4.0	4.0	18.0
	70.40	3	6.0	6.0	24.0
	71.20	2	4.0	4.0	28.0
	72.00	3	6.0	6.0	34.0
	72.70	2	4.0	4.0	38.0
	73.50	6	12.0	12.0	50.0
	74.30	5	10.0	10.0	60.0
	74.70	1	2.0	2.0	62.0
	75.00	4	8.0	8.0	70.0
	75.40	1	2.0	2.0	72.0

续表

		频率	百分比	有效百分比	累积百分比
有效	75.80	4	8.0	8.0	80.0
	76.50	4	8.0	8.0	88.0
	77.60	1	2.0	2.0	90.0
	78.80	1	2.0	2.0	92.0
	79.50	1	2.0	2.0	94.0
	80.30	1	2.0	2.0	96.0
	81.20	1	2.0	2.0	98.0
	81.60	1	2.0	2.0	100.0
	总计	50	100.0	100.0	

注：此处频率应为频数，百分比为频率。

表 1-2 中，这些统计量分别刻画了样本数据的个数、中心位置、分散程度、对称性（偏度）、数据分布陡缓程度（峰度）[①]。以下结合其具体计算给出相应的定义式。

假设有 n 个样本数据 $x_1, x_2, \cdots, x_n$，样本容量就是样本的个数，即表 1-2 中的个案数 $n=50$。

刻画数据中心位置的统计量是均值（Mean），就是所有样本数据的算术平均，即

$$\bar{x} = \frac{x_1 + x_2 + \cdots + x_n}{n} = \frac{1}{n}\sum_{i=1}^{n} x_i$$

例 1-1 的样本均值就是表 1-2 中的 73.432 g/L。需要注意的是，均值会受到极端值的影响，实际上可以采用切尾均值，其定义为把数据排序后最大值和最小值两端按照比例先剔除再求平均，如 2019 年的主持人大赛计算专业评委组给选手的最终评分就是采用这种思想。

从稳健性来看，简单的均值最不稳健，切尾均值的稳健性要好些，而中位数的稳健性最好。中位数（Median）是将一组数据从小到大排序后，处于中间位置的数据值，通常用 M_e 表示。将样本数据按照从小到大的顺序排列，记为

$$x_{(1)} \leqslant x_{(2)} \leqslant \cdots \leqslant x_{(n)}$$

若 n 为奇数，中位数为 $x_{\left(\frac{n+1}{2}\right)}$；若 n 为偶数，则中位数为 $x_{\left(\frac{n}{2}\right)}$ 和 $x_{\left(\frac{n}{2}+1\right)}$ 的平均值。即

$$M_e = \begin{cases} x_{\left(\frac{n}{2}\right)}, & n\text{为奇数} \\ \frac{1}{2}\left(x_{\left(\frac{n}{2}\right)} + x_{\left(\frac{n}{2}+1\right)}\right), & n\text{为偶数} \end{cases}$$

按照上述定义，可以得到例 1-1 的中位数为 73.9，比样本均值 73.432 稍大一点，但相差不多。

---

① 偏度和峰度都是以正态分布为基准进行比较的，正态分布的偏度和峰度都为 0。

刻画数据分散程度的统计量有样本方差（Variance）、样本标准差（Standard Deviation），后者是前者的算术平方根，它们的定义式分别为

$$s^2 = \frac{1}{n-1}\sum_{i=1}^{n}(x_i - \overline{x})^2,$$

$$s = \sqrt{\frac{1}{n-1}\sum_{i=1}^{n}(x_i - \overline{x})^2}$$

样本标准差因为和数据的量纲一致，在实际应用中更受青睐。表 1-2 中所给出的 3.919 36 g/L 就是例 1-1 数据的标准差，这个特征量反映的是样本数据以均值 73.432 为中心上下波动的情况。例如我们最熟悉的学习成绩，两位同学的平均分一样，但学习情况依然可能会有很大差异，一位各科成绩比较均衡，另一位偏科情况严重，这种情况就可以用标准差来说明。若成绩均衡则标准差相对较小，若偏科严重即各科成绩差异很大，标准差则会很大。

还有一种情况是，可以通过标准差来评价具体数据在一组数据中的地位，是"普通的"还是"特殊的"？例如，某同学的考试成绩是 80 分，全班的平均分是 60 分。如果全班成绩的标准差是 24 分，那这个成绩 80 分的同学在班上也是比较普通的；如果全班成绩的标准差是 10 分，则意味着成绩 80 分的同学是优秀且突出的。

此外，基于极大值（Maximum）、极小值（Minimum）定义的极差（Range）也可以描述数据的分散程度。其定义式为

$$R = x_{(n)} - x_{(1)}$$

式中，$x_{(n)}$ 是极大值；$x_{(1)}$ 是极小值。

例 1-1 中样本数据的极差[①]为 $R = x_{(n)} - x_{(1)} = 81.6 - 64.3 = 17.3$，说明这 50 人的血清总蛋白含量检测值范围是 64.3~81.6 g/L，数据跨度 17.3 g/L。

表 1-2 中的偏度（Skewness）β 和峰度（Kurtosis）γ 是刻画数据分布形状的两个统计量，它们的定义式分别为

$$\beta = \frac{\frac{1}{n}\sum_{i=1}^{n}(x_i - \overline{x})^3}{\left[\sqrt{\frac{1}{n}\sum_{i=1}^{n}(x_i - \overline{x})^2}\right]^3},$$

$$\gamma = \frac{\frac{1}{n}\sum_{i=1}^{n}(x_i - \overline{x})^4}{\left[\frac{1}{n}\sum_{i=1}^{n}(x_i - \overline{x})^2\right]^2} - 3$$

偏度 $\beta = 0$，说明数据的分布是对称的；偏度 $\beta > 0$，说明数据的分布是右偏的，即

---

① 图 1-3 所示的统计量对话框中，离散程度的"范围"就是统计量"极差"。

右侧拖尾，峰尖在左边，也称为正偏态；偏度 $\beta < 0$，说明数据的分布是左偏的，即左侧拖尾，峰尖在右边，也称为负偏态。如图 1-4 所示。

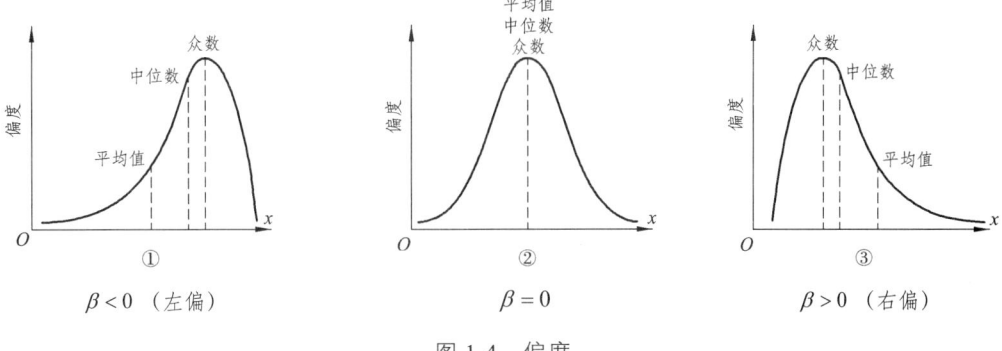

图 1-4　偏度

峰度 $\gamma = 0$，可认为分布形态合适，与标准正态分布一样"不胖不瘦"；峰度 $\gamma > 0$，说明数据标准化之后的分布形态比标准正态分布更尖峭（高尖）；峰度 $\gamma < 0$，说明数据标准化之后的分布形态比标准正态分布更平缓（矮胖）。

1）描述数据集中特征的统计量

极差：$R = x_{(n)} - x_{(1)}$

均值：$\bar{x} = \dfrac{x_1 + x_2 + \cdots + x_n}{n} = \dfrac{1}{n}\sum_{i=1}^{n} x_i$

切尾均值：$\bar{T} = \dfrac{x_{(k+1)} + x_{(k+2)} + \cdots + x_{(n-k)}}{n - 2k}$

中位数：$M_e = \begin{cases} x_{\left(\frac{n}{2}\right)}, & n\text{为奇数} \\ \dfrac{1}{2}\left(x_{\left(\frac{n}{2}\right)} + x_{\left(\frac{n}{2}+1\right)}\right), & n\text{为偶数} \end{cases}$

2）描述数据离散程度的统计量

样本方差：$s^2 = \dfrac{1}{n-1}\sum_{i=1}^{n}(x_i - \bar{x})^2$

样本标准差：$s = \sqrt{\dfrac{1}{n-1}\sum_{i=1}^{n}(x_i - \bar{x})^2}$

3）描述数据分布形状特征的统计量

偏度：$\beta = \dfrac{\dfrac{1}{n}\sum_{i=1}^{n}(x_i - \bar{x})^3}{\left[\sqrt{\dfrac{1}{n}\sum_{i=1}^{n}(x_i - \bar{x})^2}\right]^3}$

峰度：$\gamma = \dfrac{\dfrac{1}{n}\sum_{i=1}^{n}(x_i - \bar{x})^4}{\left[\dfrac{1}{n}\sum_{i=1}^{n}(x_i - \bar{x})^2\right]^2} - 3$

表1-2中的偏度是-0.298,说明例1-1中的数据分布形态是左偏的,偏小的数据相对多些;峰度是0.201,意味着相对于标准正态分布,数据分布形态更陡峭,在均值附近的取值更密集。

对此,我们可以利用图形工具进行更直观的说明,将数据标准化后作图与标准正态分布相比较。

点击图1-2中右上角的"图表"按钮,弹出图1-5所示的对话框。

图 1-5 描述分析图表对话框

选择"直方图",并勾选"在直方图中显示正态曲线",再点击"继续"按钮,返回频率分析对话框之后,点击底部左数第一个"确定"按钮,就会得到图 1-6(a)所示的输出结果。

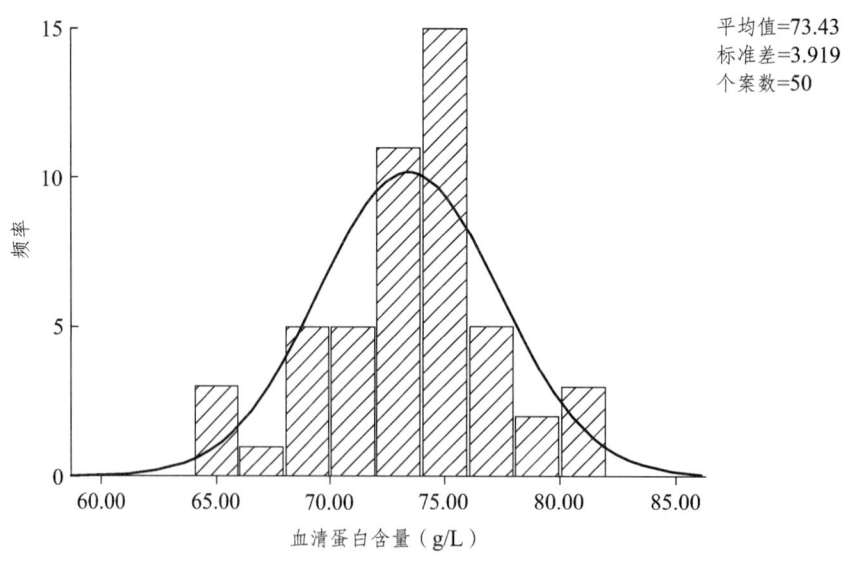

(a)原始数据的直方图

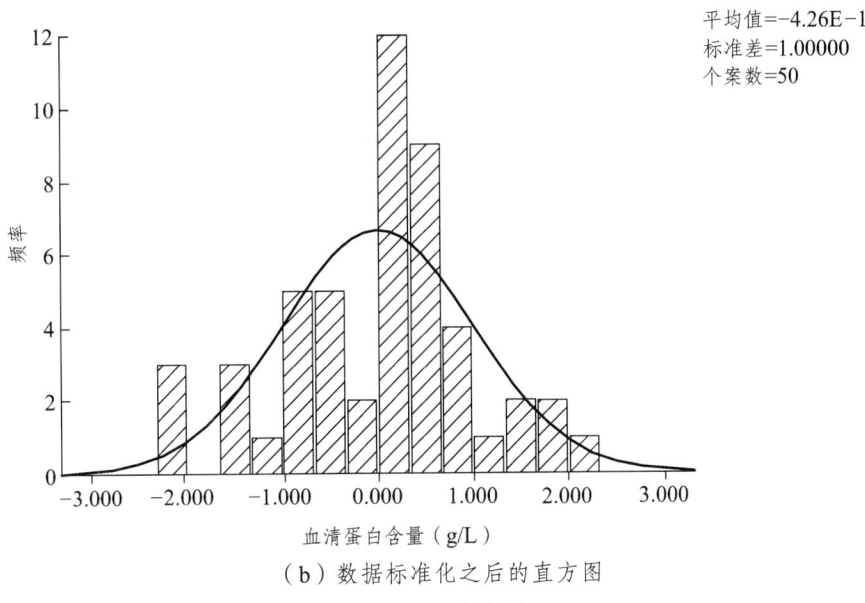

平均值=-4.26E-15
标准差=1.00000
个案数=50

(b) 数据标准化之后的直方图

图 1-6　直方图

类似地，对原始数据标准化之后作直方图，即图 1-6（b）。这里的数据标准化就是对数据的无量纲化[①]处理，即

$$x_i^* = \frac{x_i - \overline{x}}{\sqrt{\dfrac{1}{n-1}\sum_{i=1}^{n}(x_i - \overline{x})^2}}$$

图 1-6（b）中的黑色曲线就是标准正态分布的密度函数，它可以直观地描述数据的分布形态，从而理解偏度和峰度两个特征量。

图 1-6（a）实际上是将数据出现的区间分为 9 个子区间，如表 1-4 所示。每个子区间数据出现的频数总和为图形的高度，反映了整体数据的散布状态。

表 1-4　数据分组表　　　单位：g/L

		频数	百分比	有效百分比	累积百分比
有效	64.3	1	2	2	2
	65	2	4	4	6
	67.3	1	2	2	8
	68	2	4	4	12
	68.8	1	2	2	14
	69.7	2	4	4	18
	70.4	3	6	6	24
	71.2	2	4	4	28

---

① 数据的无量纲化处理是统计分析时经常采用的数据预处理。

续表

		频数	百分比	有效百分比	累积百分比
有效	72	3	6	6	34
	72.7	2	4	4	38
	73.5	6	12	12	50
	74.3	5	10	10	60
	74.7	1	2	2	62
	75	4	8	8	70
	75.4	1	2	2	72
	75.8	4	8	8	80
	76.5	4	8	8	88
	77.6	1	2	2	90
	78.8	1	2	2	92
	79.5	1	2	2	94
	80.3	1	2	2	96
	81.2	1	2	2	98
	81.6	1	2	2	100
	总计	50	100	100	

我们发现，虽然特征量的计算可以把例 1-1 中的数据基本特征概括描述，但图形的可视化显然更具有优势。

从图形上看，可以得出如下的数据特征：

特征 1：血清总蛋白含量不是平坦而均匀地分布，在某个区域（具体来讲，是 74.3～75.8 这一组）内数据是集中的。

特征 2：进一步，以集中的区域向两个方向来看，数据的变化都有类似的推移，也就是说数据呈现出一定的左右对称性。

这样的信息，仅仅靠观察原始数据是不能发现的。

以下结合实例讲述数据的图形化展示。

【例 1-2】以某教学班 2019—2020 学年第 1 学期《概率论与数理统计》考试成绩为例，进行数据的可视化分析。

> 问题分析

首先要明确我们希望快速了解的信息有哪些？对于一个教学班的考试成绩，我们关注的基本信息如下：

（1）最低分、最高分、平均分；

（2）各个分数段的人数；

（3）全班成绩的分布情况。

> **实现过程和结果阐述**

对于成绩分析，我们主要用到图形工具，大家熟悉的可能是直方图，除直方图之外，下面介绍两个很好用的图形工具——茎叶图、箱线图。

1）茎叶图（Stem-and-Leaf Plot）

在 SPSS 软件中打开文件"数据 2_《概率论与数理统计 B》考试成绩.sav"，在"分析"菜单栏依次选择"描述统计"→"探索"，如图 1-7 所示。

图 1-7 茎叶图的找寻路径

点击"探索"按钮之后，弹出相应对话框，点击右侧的"图"按钮，即会出现"探索：图"对话框，选择右侧"茎叶图"，点击"继续"返回，如图 1-8 所示。

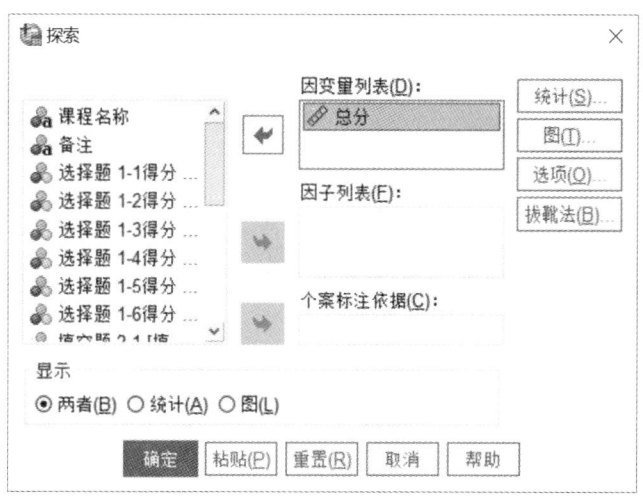

（a）探索分析对话框

（b）图对话框

图 1-8 茎叶图对话框

继续点击"探索"对话框中底部左侧的"确定"按钮，即可输出已经完成的茎叶图（见图 1-9）。

```
总分 茎叶图

频率    Stem & 叶

 5.00    0 . 00000
  .00    0 .
 1.00    1 . 3
 2.00    1 . 88
 6.00    2 . 022344
 6.00    2 . 557889
 5.00    3 . 00003
 5.00    3 . 55799
10.00    4 . 0111233444
 6.00    4 . 679999
11.00    5 . 01111122344
13.00    5 . 5557777889999
15.00    6 . 000011222333444
13.00    6 . 5567777788899
16.00    7 . 0000111222333334
 9.00    7 . 556667889
11.00    8 . 00001133444
 9.00    8 . 556778899
12.00    9 . 000112223344
 6.00    9 . 556667
 1.00   10 . 0

主干宽度：      10
每个叶：     1 个案
```

图 1-9 茎叶图[①]

---

① 图 1-9 中的"频率"实为"频数"。

茎叶图就是把每个数值分为两部分，前一部分（十位）称为茎（Stem），后一部分（个位）称为叶（Leaf），如 85 可以分为茎（8）和叶（5）两部分。图 1-9 左侧是对每一行数据个数的统计，可以看到，该教学班中 100 分有 1 个，95~99 分的有 6 个，具体是 2 个 95 分，3 个 96 分，1 个 99 分，其他依次类推。

通过茎叶图，可以直观地读出数据的具体取值，也可以看出数据的分布形状。数据量不大的情况下用茎叶图有着突出的优势，但数据量很大（如 1 000 个数据）的时候再用茎叶图就会适得其反。

如果想更直接地看出各分数段的情况，可以用图形工具中的直方图，这也是我们大家非常熟悉的统计图。

2）直方图（Histogram）

进入 SPSS 软件，打开数据文件，在"图形"菜单栏依次选择"旧对话框"→"直方图"[①]，如图 1-10 所示。

图 1-10 直方图的找寻路径

直方图的对话框如图 1-11 所示，从左侧变量列表中选择"总分"到右侧的"变量"，再点击左下侧的"确定"按钮。

---

① SPSS 软件中，选择直方图的入口并不唯一，例如在描述性统计的探索分析里列出的图标选项中也有"直方图"。

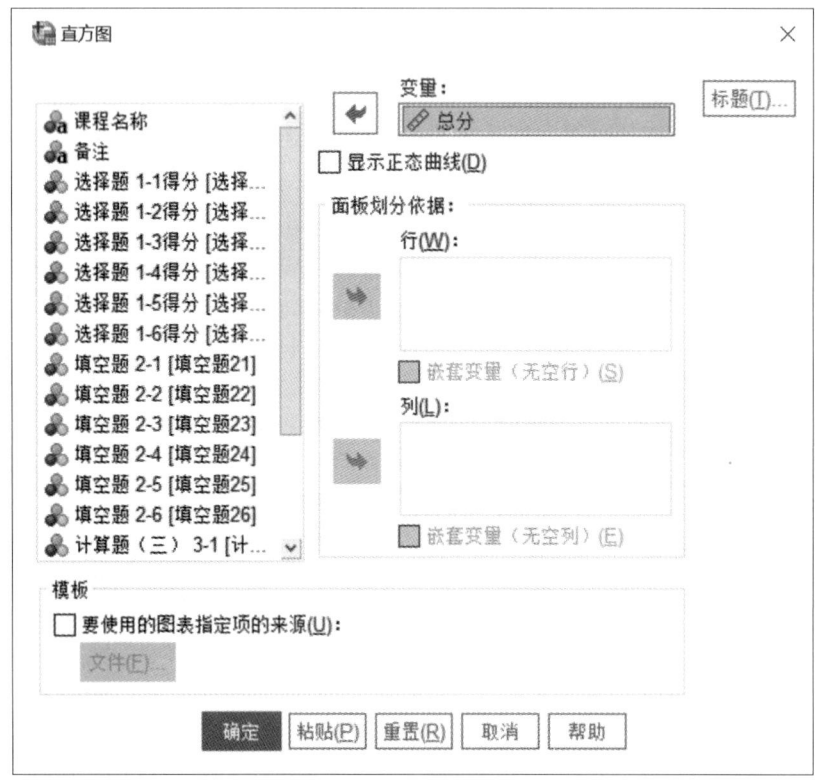

图 1-11 直方图对话框

对输出的"直方图"进行编辑,加上数字标签(每个分数段的学生人数),即可得到图 1-12 所示的某教学班 162 名学生《概率论与数理统计》考试成绩直方图(图中的黑色曲线是正态分布密度曲线),相对于前面给出的茎叶图,直方图是不是更直观呢!

直方图在我们对数据的分段统计中的使用方便直观,根据问题需要也可以将数据标签更换为每一部分所占的比例。

3)箱线图(Boxplot)

对于例 1-2 中的数据,常见的图形展示还可以在图形工具中选择箱线图,从而给出这个教学班考试成绩的箱线图,如图 1-13 所示。

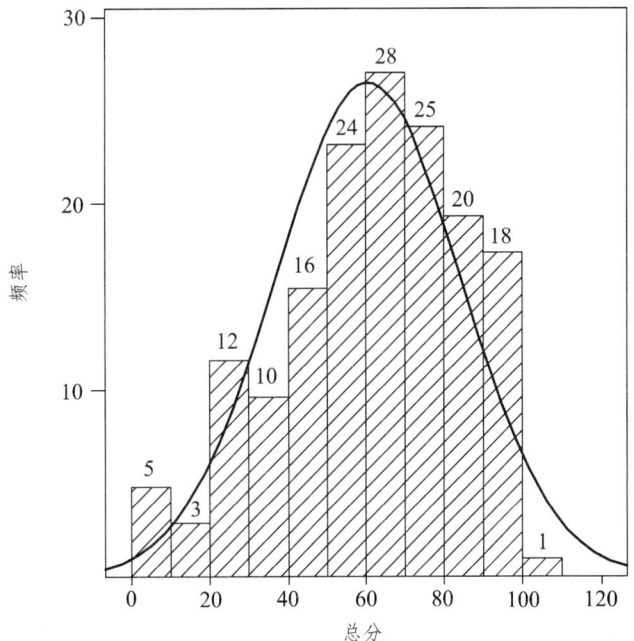

图 1-12 某教学班考试成绩直方图

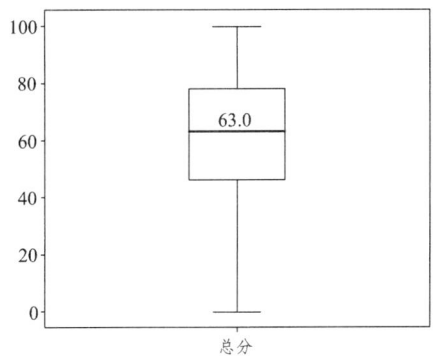

图 1-13 某教学班考试成绩箱线图

箱线图中关键的是 5 个特征指标：最小值 $x_{(1)}=0$，最大值 $x_{(n)}=100$，中位数 $M_e=63$，下四分位数 $Q_L=46$，上四分位数 $Q_U=78$。也就是说，这 162 名学生中，0~46 分的占 25%，78~100 分的占 25%，中间 46~78 分的占 50%（对应的就是箱体部分），全班成绩的中位数是 63 分。

综合上述分析，该教学班考试成绩呈现如下特征：

特征 1：最高分 100 分，有 1 个；最低分 0 分，有 5 个；全班的平均分是 60.57 分。

特征 2：考试成绩的中位数是 63 分，故及格率大于 50%，经过计算可得实际及格率为 57%。

特征 3：该班学生成绩的标准差约为 24 分，成绩分布跨度较大，说明学生之间对于《概率论与数理统计》的学习情况具有较大的差异。

1.2 多组数据的可视化分析

现实问题中遇到的更多情况是多组数据，比如新冠肺炎疫情下我们天天都在刷的疫情动态数据，就是典型的多组数据问题。

前面单组数据中的例 1-2，每一个学生的成绩数据中有总分，还有选择题得分、填空题得分、4 个计算题各题的得分，这也是常见的多组数据，在具体分析时我们可以通过对这些变量进行综合分析，更深入地了解大家的知识掌握情况。

以下依旧是先给出数据和实际背景，再提出问题、梳理分析思路，最后结合 SPSS 软件来讲解如何实现分析过程，完成多组数据的可视化分析。

【例 1-3】以中国货物进出口总额数据[①]为例，从 1981 年至 2020 年这 40 年的时间跨度，如果只是将数据罗列出来，相信这些数字会让我们有点发蒙。如何快速而且直观地展示这些数据随时间的变化趋势呢？

首先，数据文件"数据 3_中国货物进出口数据.sav"中共有 5 个变量，分别是年份、进出口总额、出口总额、进口总额、GDP，具体如图 1-14 所示。

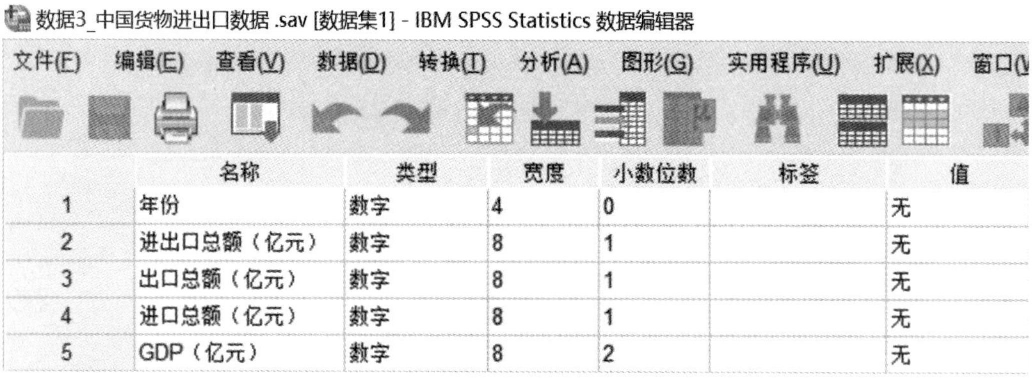

	名称	类型	宽度	小数位数	标签	值
1	年份	数字	4	0		无
2	进出口总额（亿元）	数字	8	1		无
3	出口总额（亿元）	数字	8	1		无
4	进口总额（亿元）	数字	8	1		无
5	GDP（亿元）	数字	8	2		无

图 1-14 数据文件的变量列表[②]

这些数据录入之后，我们如果简单地把这些数据按照年份作折线图，会是什么效果呢？试一下吧。

---

① 数据来源：http://www.100ppi.com/mac/world_gj---112H.html,http://www.100ppi.com/mac/world_gj---1111.html。

② 数据编辑器中，标签栏是对变量的说明，"值"这一栏则是针对属性或者分类变量的取值说明，如：变量是性别，数据文件中显示的取值是 0 或 1，就需要在"值"这一栏中说明 0 和 1 分别代表的是什么性别。

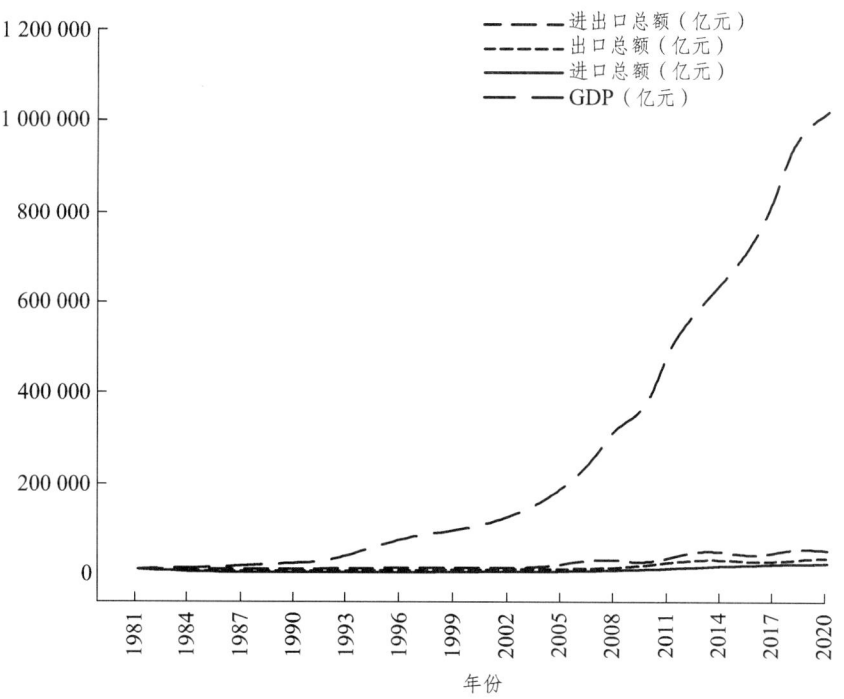

图 1-15　中国货物进出口数据折线图

可以看到，这个按年份得到的图 1-15 似乎能表示些什么，但好像又过于粗糙，很多想看到的信息都无法在图上有效地体现出来。所以，下面还是要先分析提炼出想看到的信息，再依次用 SPSS 软件实现。

问题分析

在数据文件中给出的有关货物进出口总额以及国内生产总值 GDP 的变量中，可以分别绘制折线图，直观展示这些指标的变化趋势。

（1）货物进口总额和出口总额的变化趋势。
（2）货物进出口差额的变化趋势。
（3）货物进出口总额中出口占比和进口占比的变化趋势。
（4）货物进出口总额和 GDP 的变化趋势。

实现过程和结果阐述

1）货物进口总额和出口总额的变化趋势

在 SPSS 软件中打开中国货物进出口数据文件，在"图形"菜单栏里依次选择"旧对话框"→"折线图"，如图 1-16 所示。

弹出折线图对话框（见图 1-17），这里要注意选中"多线"，图表中的数据选项选择第三个"单个个案的值"。

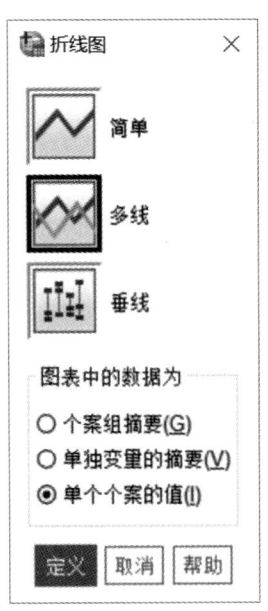

图 1-16　折线图的找寻路径

图 1-17　折线图对话框

点击"定义"按钮,弹出如图 1-18 所示的对话框,"年份"变量选入类别标签中的变量栏,即数据是按照年份排序,根据关注问题将"出口总额"和"进口总额"两个变量选入"折线表示"这一栏中,点击"确定",即可得到这两个变量对应数据的折线图(见图 1-19)。

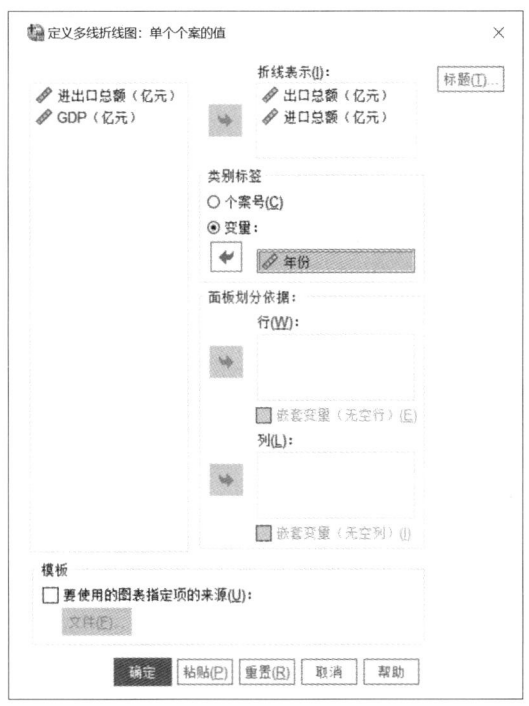

图 1-18　折线图的变量选择对话框

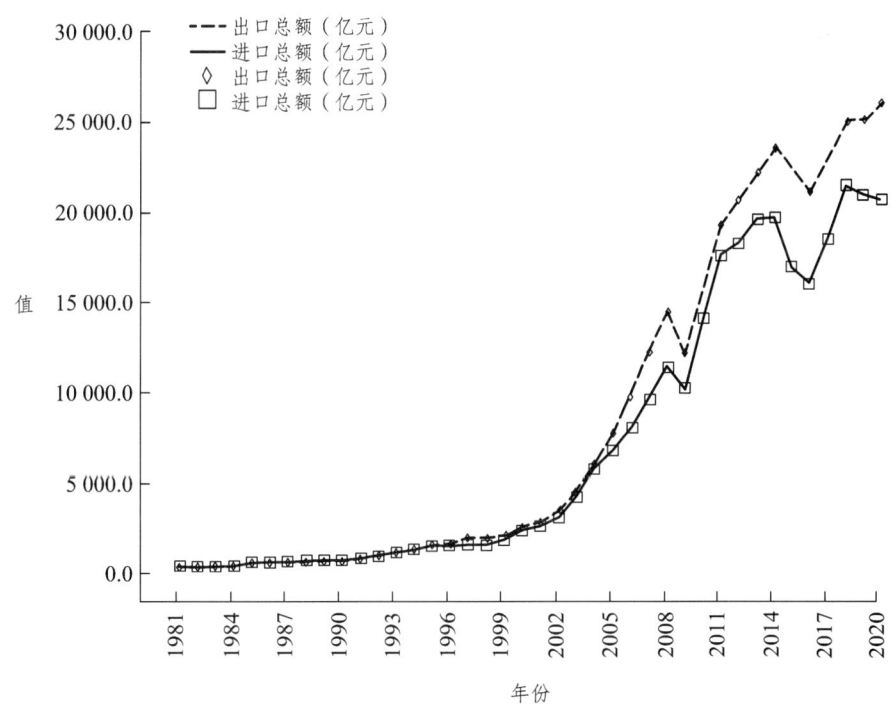

图 1-19　中国货物进口总额与出口总额折线图

从这个趋势图可以看出，我国货物进口总额和出口总额变化趋势基本一致，在 1999 年之前都是平缓地有少许增长，之后增速加快，中间在 2009 年、2015 年和 2016 年有所下降，2018年开始，出口总额继续保持上涨，而进口总额则呈现下降态势。若要进一步探究这一现象背后的深层次原因，则需要相应的专业背景并查阅相关资料，所以说统计分析只是我们研究问题的数据分析手段。

2）货物进出口差额的变化趋势

现在我们来关注货物进出口差额的变化情况，但是数据文件中并没有直接给出这个变量，这就需要利用SPSS软件的变量计算功能完成货物进出口差额的计算。

首先，在数据文件界面的"转换"菜单栏选择"计算变量"，弹出图1-20所示的对话框。

图1-20 计算货物进出口差额的对话框

首先，在"目标变量"栏中输入"进出口差额"，点击下方"类型和标签"按钮，选择"将表达式用作标签"，这将便于今后打开数据文件时更清楚该变量是如何定义和计算得到的。点击"继续"返回，从左侧变量栏中选择变量以及对话框中部的运算符即可完成"进出口差额=出口总额-进口总额"的变量定义。

按照上述操作方法，数据文件里会新生成变量"进出口差额"，按照前面折线图的选择和定义，可以得到货物进出口差额的变化趋势图，如图1-21所示。

从变化趋势图看到，货物进出口差额在2015年达到最大，图1-21中特别用到SPSS软件的图形编辑功能，将这一点标注出来。

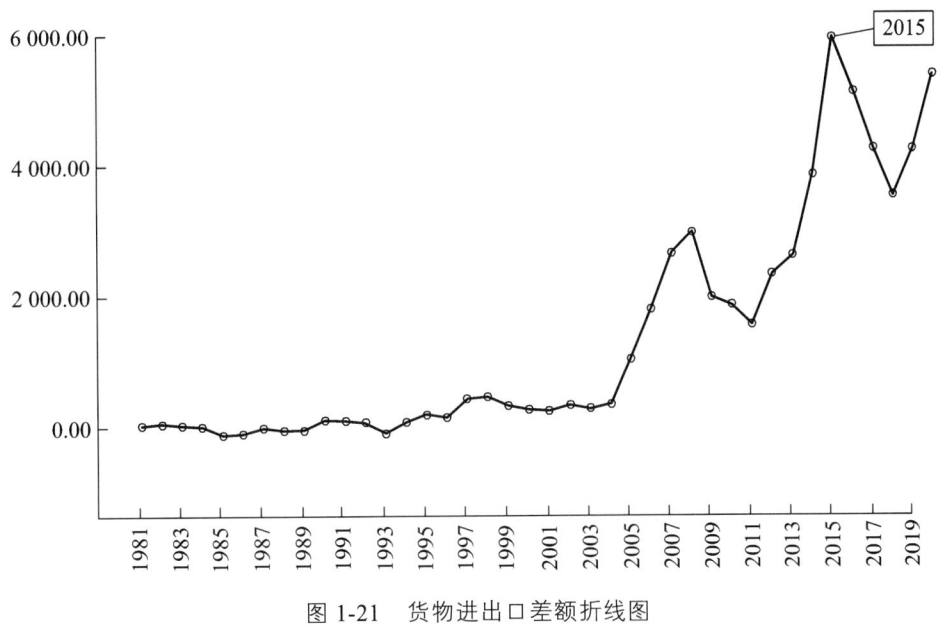

图 1-21 货物进出口差额折线图

3）货物进出口总额中出口占比和进口占比的变化趋势

利用变量计算功能，可以分别计算得到出口占比和进口占比，进一步绘制出这两个指标的变化趋势折线图，如图 1-22 所示。

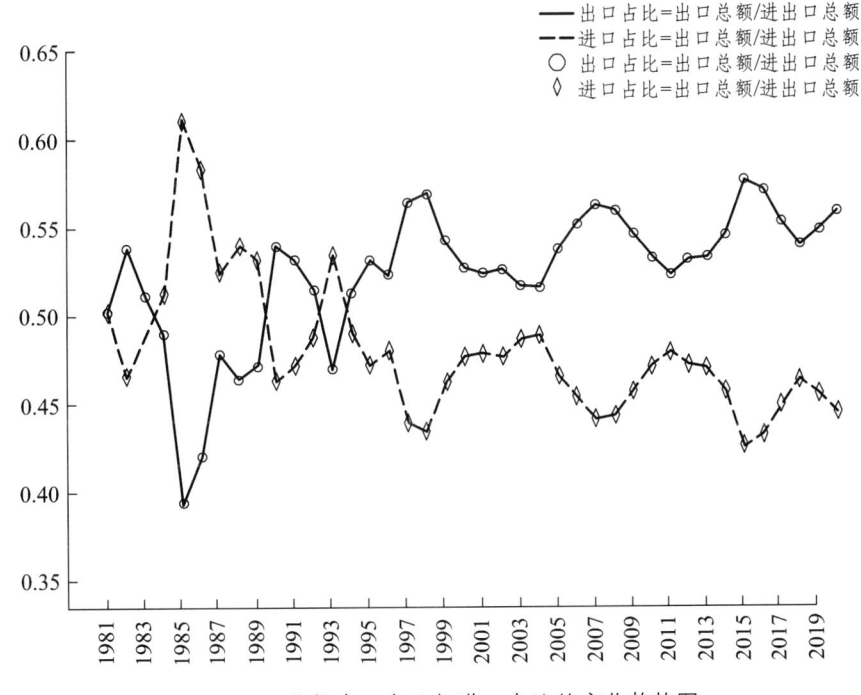

图 1-22 货物出口占比与进口占比的变化趋势图

可以看到，1995年之前这两个变量的变化是交错而行，1995年之后虽然都是呈现出波浪式变化，但出口占比始终大于进口占比。当然，这一现象背后的探究仍然是需要相应的专业背景才能深入推进。

关于货物进出口总额和GDP的变化趋势，留给大家自己来动手完成，这里不再赘述。

通过以上分析，我们应该注意到：统计分析的关键是以问题为导向，没有问题方向的数据分析是无法体现其价值和意义的。

【例1-4】以"数据2_《概率论与数理统计B》考试成绩.sav"为例，对各分项题得分进行多组数据的可视化分析，以此得到更清晰细致的试卷分析。

问题分析

明确数据文件中待分析的变量有选择题、填空题、4个计算题，共6个分项得分，以及总分。拟分析问题如下：

（1）各分项得分的平均分——用条形图；

（2）选择题和填空题两项得分的综合统计。

实现过程和结果阐述

1）各分项得分的平均分

在SPSS软件中打开数据文件"数据2_《概率论与数理统计B》考试成绩.sav"，在"图形"菜单栏依次选择"旧对话框"→"条形图"，如图1-23所示。

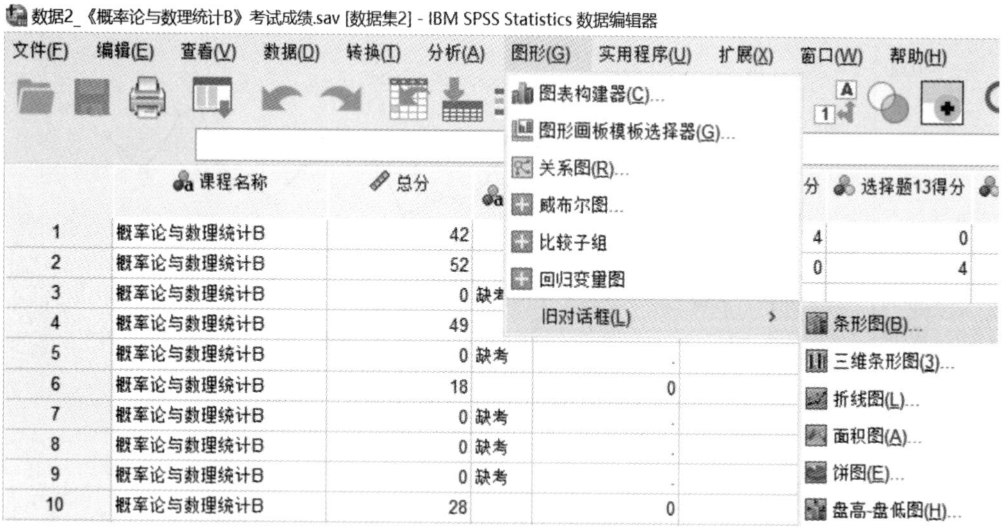

图1-23 条形图的找寻路径

在弹出的条形图对话框中，选择"简单条形图"，数据选项中选择"单独变量的摘要"，点击"定义"按钮之后，会弹出相应对话框，如图1-24所示。

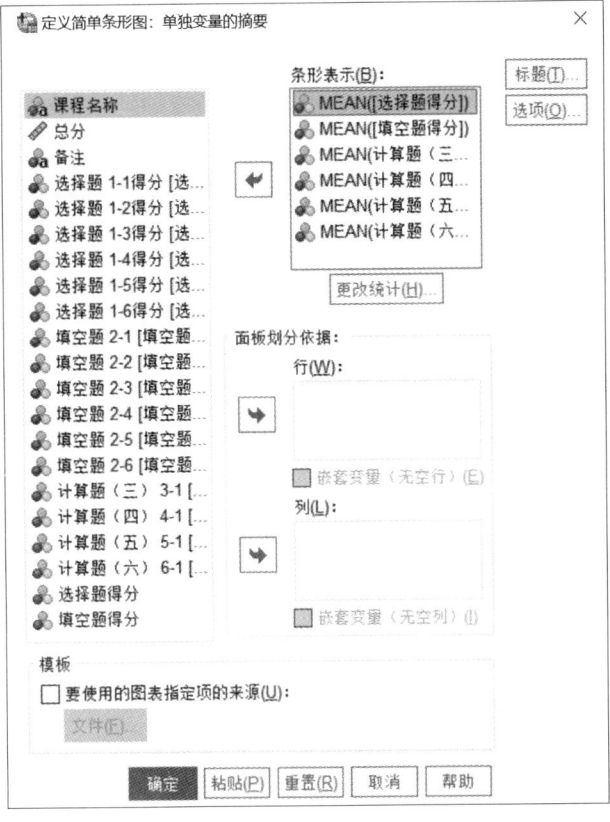

图 1-24　条形图定义对话框

将我们想要分析的 6 个变量选入相应的表征栏，这里的"MEAN"表示计算的各题的平均得分，也可以点击下方的"更改统计"按钮选择需要的统计量，点击"确定"，即可得到相应的条形图，如图 1-25 所示。

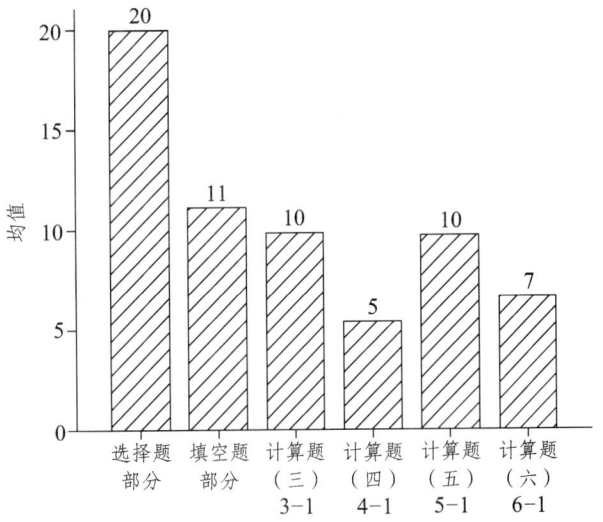

图 1-25　各题平均得分的条形图

这份试卷中，各分项题的分值分别为：选择题 24 分，填空题 24 分，4 个计算题每一题 13 分，共 52 分。

可以看到，选择题的平均得分 20 分，相比填空题的平均得分 11 分，得分情况要好一些，计算题（三）和（五）得分情况比较好，计算题（四）的丢分最多，从教学角度来看，我们可以着重思考这些得分偏低的题目究竟是考察哪些知识点，同时可以针对性地抽查试卷来了解丢分的主要环节和原因，从而在后续教学中做出相应的调整。

此外，还可以进一步分析选择题、填空题各小题的得分情况，这些都可以作为试卷分析的精细化工作，有利于发现更实质性的问题。

2）选择题和填空题两项得分的综合统计

接下来，考虑选择题与填空题综合分类得分情况的分析，对此我们只需要利用 SPSS 的直方图工具就可以完成，具体操作和选择如图 1-26 所示。

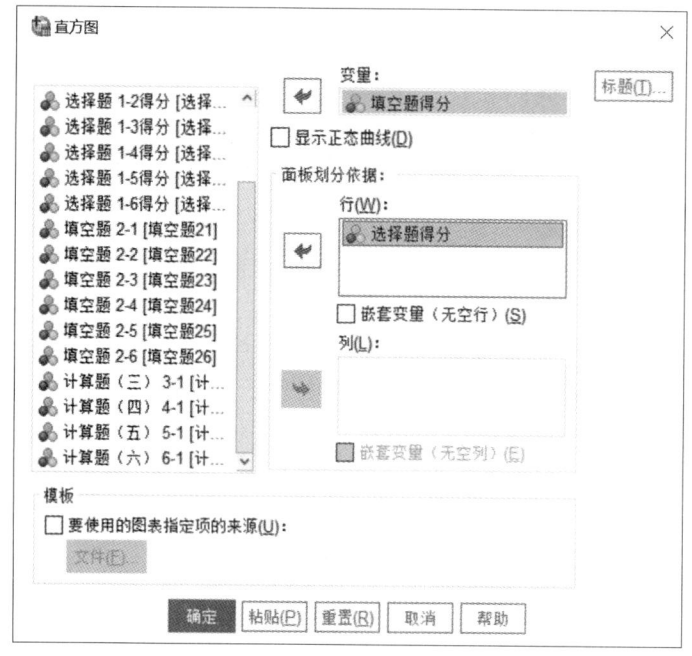

图 1-26　选择题与填空题得分统计的直方图对话框

为了对选择题、填空题这两个题项得分情况进行综合统计，点击图 1-26 底部左侧"确定"按钮，就会出现相应的分组统计图表，添加数据标签稍加编辑修改之后，如图 1-27 所示。以右下角的"5"为例，表示填空题和选择题都得 24 分的人有 5 个。图 1-27 则把两个题项得分的基本情况展示得更清晰直观，实际应用中我们还可以根据自己的观察和思路进行类似分析。

以上关于中国货物进出口数据、考试成绩分项数据的可视化分析主要运用的是图表工具，最大的优势是这些图表非常直观而且重点突出，即使没有统计学的知识背景也很容易理解并抓住其中的关键信息。

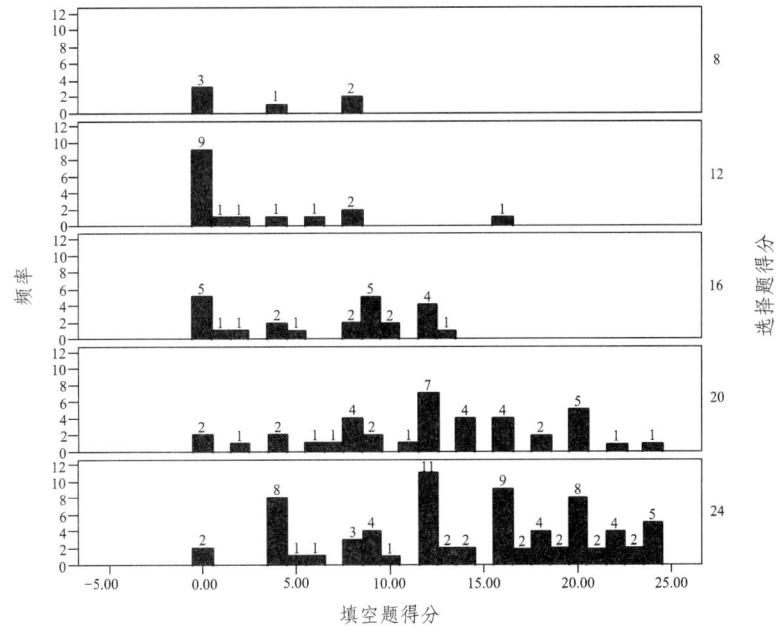

图 1-27　填空题与选择题得分情况的综合统计

可以看到，前两节我们所分析的单组数据和多组数据都是定量数据，实际问题中还有一类很常见的数据称为定性数据，如性别、职业、籍贯等，这类数据的可视化分析又该如何实现呢？

1.3　定性数据的可视化分析

定性数据在调查问卷中经常遇到，对于问卷数据的可视化分析也是统计学的主要应用分支。以下结合调查问卷数据介绍定性数据的初步可视化分析思路和实现。

【例 1-5】对某单位员工进行问卷调查，了解员工的人文素养和科学素养情况。问卷数据包括以下信息：

（1）性别——A（男），B（女）；
（2）年龄——A（35 岁以下），B（36～45 岁），C（46 岁及以上）；
（3）文化程度——A（本科及以上），B（专科），C（中专及以下）；
（4）民族——A（汉族），B（少数民族）；
（5）科学素养——1（具备），0（不具备）；
（6）人文素养——1（基本具备/具备），0（不具备）。

将收集到的问卷加以整理，得到数据文件"数据 4_问卷调研数据.sav"，试完成数据的初步分析。

▶ 问题分析

（1）调查对象的基本结构——饼图或直方图等图形展示；

（2）综合分类统计（如在科学素养和人文素养两维度下男、女性别比例）——交叉表。（有没有合适的图形工具呢？）

> **实现过程和结果阐述**

1）调查对象的基本结构分析

在SPSS中打开数据文件，在"图形"菜单栏依次选择"旧对话框"→"饼图"，如图1-28所示。

图1-28 饼图的找寻路径

这时弹出饼图定义对话框（见图1-29），此处选择的是"文化程度"这个变量的分类统计，统计量是每一类的频数（即个案数），也可以根据要求或习惯选择百分比。

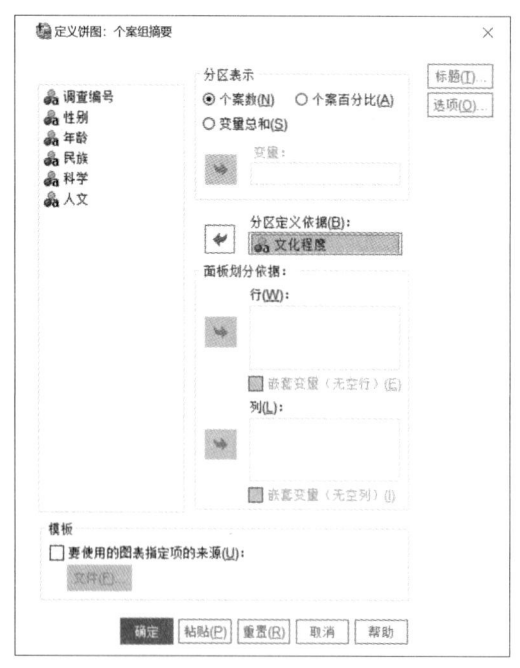

图1-29 饼图定义对话框

点击"确定"按钮，即可得到分类饼图（见图1-30），可以看到调查对象的文化程度结构是1 030（本科及以上）：476（专科）：164（中专及以下）。类似地，大家还可以完成性别、年龄等变量的分类结构。

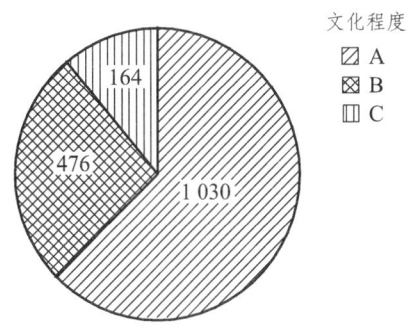

图1-30 调查对象文化程度的分类饼图

这样的分类统计虽然直观，但很多情况下显得肤浅，我们希望能够在多个指标下进行分类统计，这就是接下来要完成的交叉表分析。

2）综合分类统计——交叉表

首先考虑最基本的两个变量的分类统计，如按照性别和年龄分类统计的交叉表分析，选择路径，如图1-31所示。

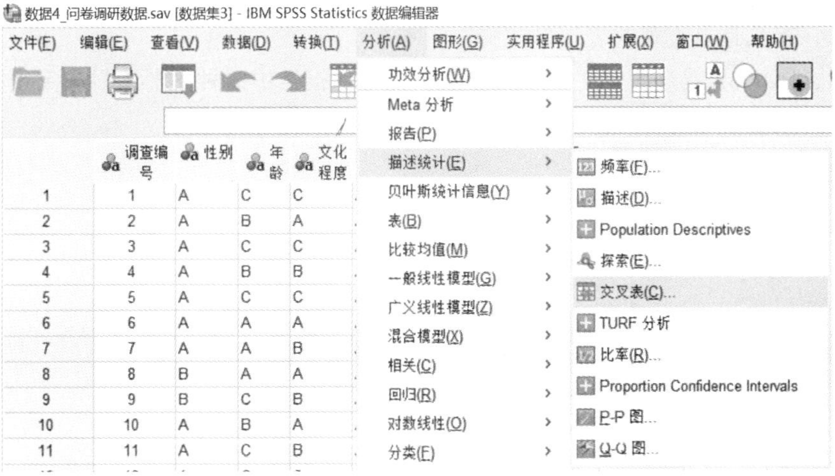

图1-31 交叉表的找寻路径

在弹出的交叉表对话框（见图1-32）中，将"性别"和"年龄"两个变量分别选入行、列下方的选项栏。

点击"确定"按钮，即可得到相应的交叉表，也称列联表，如表1-5所示。

从这个交叉表分析可以清晰地看到，被调查人员共计1 670人，其中男性946人，男性中三个年龄段分别有279人、398人、269人；女性724人，女性中三个年龄段分别有287人、295人、142人。

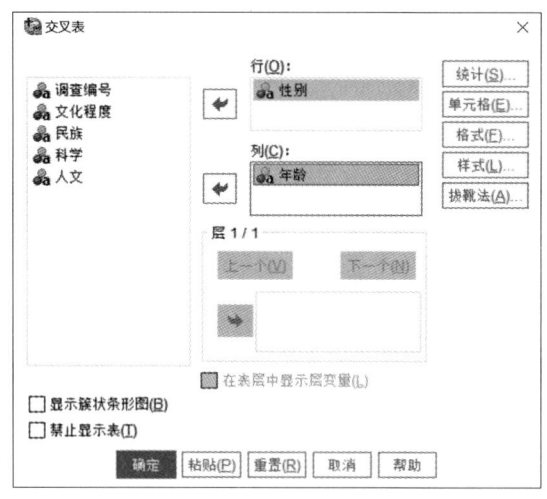

图 1-32 交叉表对话框

表 1-5 性别 * 年龄 交叉表

		年龄			总计
		A	B	C	
性别	A	279	398	269	946
	B	287	295	142	724
总计		566	693	411	1 670

那么，有没有更直观的表现形式呢？

显然，图 1-33 就是表 1-5 的图形显示。在统计报告中这种图形工具更突出重点，能快速抓住人们的注意力。

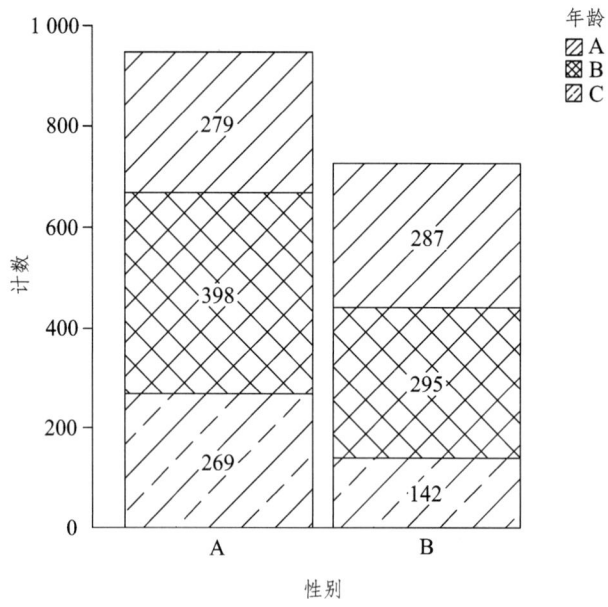

图 1-33 人员结构的条形堆积图

这个条形堆积图是如何得到的？

自己尝试一下吧。

掌握了基本的交叉表分析，我们还可以完成更高阶的交叉表分析。例如，在科学素养和人文素养两维度下男、女性别的人数构成情况。

在 SPSS 软件中，按照前面讲述的路径选择交叉表分析，在对话框中进行变量选择，如图 1-34 所示。

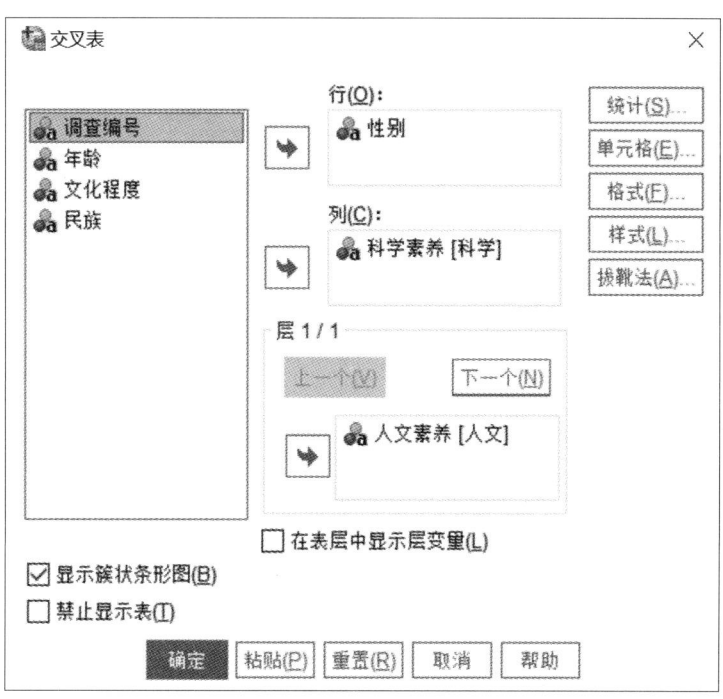

图 1-34　更高阶的交叉表对话框的变量选择

这样就可以得到如下所示的交叉列联表 1-6，注意到交叉表中的数据是对应类中的频数，如表中加粗显示的 15，说明在基本具备人文素养也具备科学素养的调查对象中，有 15 人是女性。

表 1-6　性别 * 科学素养 * 人文素养　交叉表

人文素养			科学素养		总计
			不具备	具备	
不具备	性别	男	404	21	425
		女	354	33	387
	总计		758	54	812
基本具备	性别	男	388	43	431
		女	291	**15**	306
	总计		679	58	737

续表

人文素养			科学素养		总计
			不具备	具备	
具备	性别	男	82	8	90
		女	29	2	31
	总计		111	10	121
总计	性别	男	874	72	946
		女	674	50	724
	总计		1548	122	1670

至此可以看到，对于调查问卷一类的数据分析，通常是先利用图表等可视化工具完成描述性统计，虽然没有固定模式，但是有基本分析思路，我们仍然是首先要把问题按照主线列出来，而软件只是分析数据的工具。

在数据分析的过程中，要始终把握"问题驱动"这一关键，首先要明确问题，根据问题选择合适的统计分析方法。而分析结果的展示与解读则是考验我们对统计思想和问题背景掌握的深浅程度。

描述性统计分析可以帮助我们揭开数据的面纱，了解并发现数据的基本规律和特征，为接下来进一步探究隐藏在数据深处的信息提供线索和思路。

需要注意的是，例 1-5 的数据来自调查问卷，而调查问卷是否能够反映调查对象的真实情况，直接影响到结果数据的真实性和可靠性。

1.4 信度分析和效度分析

调查问卷的优劣性可以从信度和效度两方面来评价。因为问卷总是可以重复测试的，但设计不合理的问卷是无法测量出应该测试的内容的，前者是信度（Reliability），后者就是效度（Validity）。所以，问卷有可能是可信却无效的，但有效的问卷不可能没有信度。

1.4.1 信度

信度是衡量调查结果可靠性程度的一个重要指标，表示调查结果中随机误差大小的程度。所谓信度分析，指用于评价调查问卷这种测量工具的稳定性或可靠性，具体而言就是用问卷对同一问题进行重复测量时所得结果的一致性程度。在问卷调查中，信度系数一般被定义为真实分数（True Score）的方差与观测分数（Observed Score）的方差比例。信度可以分为以下两类：

（1）内在信度：所谓内在信度，指调查问卷中的一组问题（或整个调查问卷）是否考察的是同一个概念，也就是这些问题之间的内在一致性如何。如果内在信度系数在 0.8

以上，则可以认为调查问卷具有较高的内在一致性。最常用的内在信度系数为 Cronbach α 系数和折半信度。

（2）外在信度：所谓外在信度，指在不同时间进行问卷调查时调查表结果的一致性程度。最常用的外在信度指标是重测信度，即用同一问卷在不同时间对同一对象进行重复调查，然后计算一致程度。

进行问卷调查时信度系数达到多大才能认为调查问卷的设计是合理可行的呢？目前人们没有达成统一的标准，但根据多数学者的观点，如果信度系数达到 0.9 以上，认为信度很高；如果信度系数在 0.8 以上，也是可以接受的；如果信度系数在 0.7 以上，则需要对调查问卷进行修订；否则，调查问卷必须重新设计。正常情况下，α 系数受到题数多少的影响。题目之间相关系数平均数越低，其影响越大，题数越多，相应的 α 系数也会越高。

Crocker 和 Algina（1986）指出，α 系数是估计信度的最低限度，是所有可能的折半系数的平均数，估计内部一致性系数时采用 α 系数优于折半法，因为任何长度的问卷都有许多种折半方式，相同的资料利用不同的折半方式求得的数据便会产生不同的估计值。可见，信度分析对后期抽样调查数据的统计分析具有重要意义，可以说信度分析的结果对抽样调查能否达到预期目的至关重要。

需要指出的是，在一些大样本的抽样调查中，往往是用一组问题来集中考察某一方面的信息。因此，此时应当按照问题组来进行信度分析，而不是直接对整个调查问卷进行信度分析。

为了考察某班级学生课程学习的情况，卷面考试是学校通常采用的方式。从某种角度来看，我们也可以将试卷视为调查问卷的一种形式，因此一份试卷题目设计的合理与否也可以通过信度分析来评判。

【例 1-6】以下通过对某校某班级 30 名同学的抽样调查课程期末考试成绩（数据 5_信度分析.sav）进行分析，来说明该试卷题目设计的情况。

该试卷共有填空题（30 分）、选择题（20 分）、综合题（50 分）三种题型，其中综合题共 4 题（两个 10 分的题和两个 15 分的题）。

问题分析

我们的目的是通过对这 30 名同学每道题的得分情况进行信度分析，评价该试卷题目整体设计的情况。

数据文件中共有 7 个变量，是 7 个分项的得分和总分，如图 1-35 所示。

实现过程和结果阐述

在 SPSS 软件中，外在信度实际上是通过计算两次调查结果之间的相关系数来评价的，而内在信度则需要使用 Reliability Analysis 过程来计算。此处我们要进行的是内在信度分析，在"分析"菜单栏依次选择"刻度"→"可靠性分析"，如图 1-36 所示。

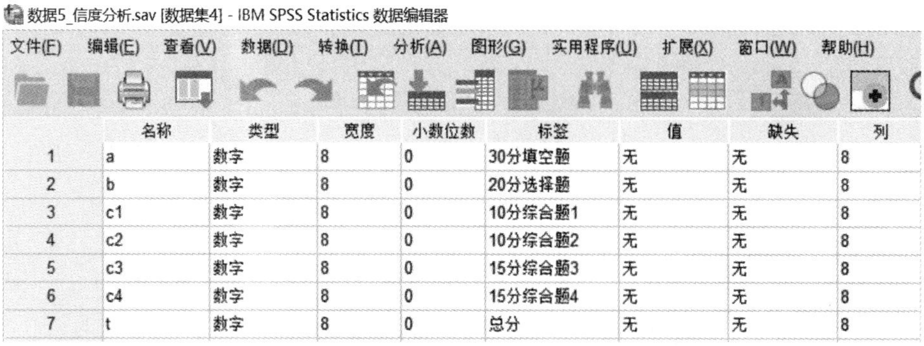

图 1-35 变量定义

图 1-36 信度分析的找寻路径

这时会弹出可靠性分析对话框（见图 1-37）。首先，将左侧列表中代表每个问题得分的变量选入右侧框中，注意代表试卷总分的变量不能选入。"模型"下拉列表中列出了常用的信度系数，对我们所要分析的试卷而言，由于变量个数较少，不适于折半信度，因此选择 Alpha，即 Cronbach α 系数。

然后，单击右侧的"统计"按钮，弹出统计对话框（见图 1-38）。

"描述"复选框中给出了可以输出的统计量：

（1）项（Item）：对应各变量的均值和标准差；

（2）标度（Scale）：对应各变量之和（即总分）的均值、方差和标准差；

（3）删除项后的标度（Scale if item deleted）：当试卷中当前变量所对应的问题被删除后，各分析指标的变化情况。该选项可以用于对试卷中的每个题目进行逐一分析，从而对试卷题目的设计给出更有效的评价，并为进一步提高试卷质量提供参考意见。

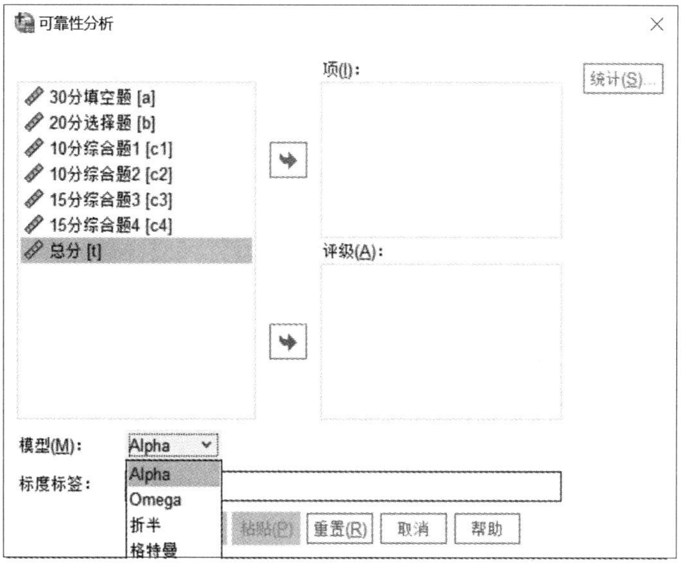

图 1-37 可靠性分析（即信度分析）对话框

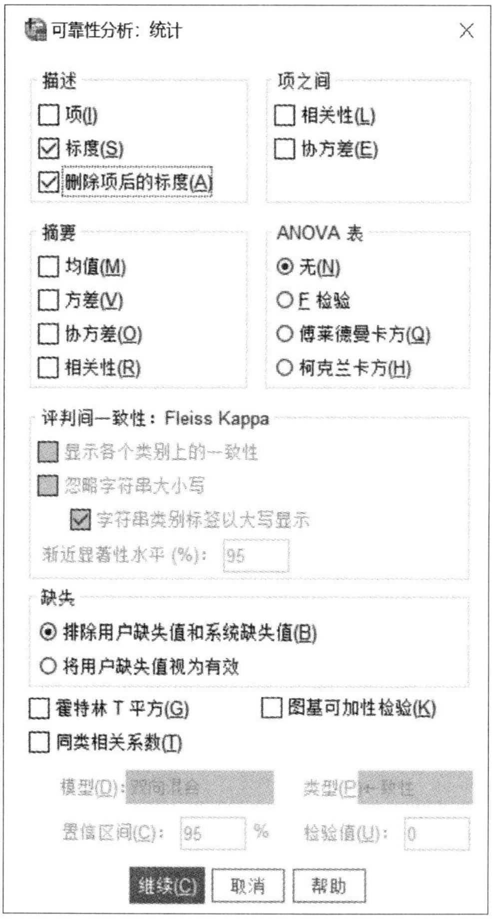

图 1-38 统计对话框

"项之间"（Inter-Item）复选框中分别提供了各变量间的相关矩阵和协方差阵。

对于我们所考虑的问题，根据以上选择，可以得到相应输出结果。表 1-7 是各变量之和（即总分）的均值、方差和标准差。

表 1-7　标度统计

平均值	方差	标准偏差	项数
69.00	190.207	13.792	6

表 1-8 是"删除项后的标度"选项对应的分析结果，也就是说如果将试卷中相应的题目剔除，那么对试卷重新进行信度分析的结果会如何改变。四项指标依次是剔除之后总分的均值、方差、该题与总分之间的相关系数、Cronbach α 系数。

表 1-8　删除项统计分析

	删除项后的标度平均值	删除项后的标度方差	修正后的项与总分相关性	删除项后的 Cronbach α
30 分填空题	49.50	94.672	.922	.870
20 分选择题	55.33	128.989	.775	.878
10 分综合题 1	60.17	170.213	.559	.915
10 分综合题 2	60.47	162.947	.718	.902
15 分综合题 3	58.93	124.754	.900	.858
15 分综合题 4	60.60	126.524	.853	.865

可以看到，综合题 1 与总分的相关系数较低，说明该题的得分和总分相关性不大，而且去掉该题之后 Cronbach α 系数相对变大，意味着综合题 1 不能很好地反映学生水平。仔细分析这个问题的得分情况，发现学生的得分率都比较高，这是由于综合题 1 考察的是基本知识点，学生普遍掌握得比较好，所以无法区分出学习情况的差异。这提醒我们，如果以后进一步对该试卷进行修改，应当考虑将该问题进行更换。

表 1-9 给出的是信度分析的结果。根据这 30 份试卷计算出来的 Cronbach α 系数等于 0.902，说明这份试卷的信度是较高的，可以认为是一份题目设计较好的试卷。

表 1-9　可靠性统计

Cronbach α	项数
.902	6

1.4.2　效度

效度分析，是指测量到的结果反映所想要考察内容的程度。内容越吻合，效度越高。常用的效度有三类：内容效度、准则效度、结构效度。

（1）内容效度（Content Validity）：问题能够代表所计划测试内容的综合，通常用于成绩测试（例如高考中的语文、数学等各种课程考试）。

（2）准则效度（Criterion Validity）：评价测试是否和其他标准系统相关，通常是将原有指标作为准则，构建新的指标，用新的测试结果与原有准则的结果做比较，以二者的相关程度作为新测试的效度。例如，建立新的指标体系对高校排名，必然要结合被广泛认同的评价体系，看两者的排名是否具有一致性，这就是准则效度。

（3）结构效度（Construct Validity）：基于现有理论来考察当前测试的效度。需要注意的是，这里的理论均来自研究者本身的理论视角，具有一定的主观性。例如，设计了测量"婚姻满意程度"的调研问卷，为了评价这个问卷的效度，需要用到与婚姻满意程度有关的理论命题。

倘若问卷设计者基于的理论是婚姻满意程度与主动承担家务的行为有关，婚姻满意程度越高承担家务越主动。那么，如果问卷分析结果在婚姻满意程度与承担家务方面的结果具有一致性，则问卷具有构造效度；如果婚姻满意程度不同的对象在承担家务方面的行为都是无差别的，这样的问卷就缺乏效度。

随机变量与分布 2

第 1 章介绍了如何用可视化的图表工具来描述样本数据，但统计分析的目的不是样本，而是样本所来自的总体。也就是说，我们无法直接全面看清总体，就从总体中抽取一些个体作为样本，通过对样本的观察和分析，来尝试对总体进行推断描述。

在统计学中前面所涉及的数据就是样本观测值，相应的变量就是随机变量（Random Variable）。概率论是统计推断的基础，而概率论中的核心概念是随机变量。

在概率论中，随机变量是定义在样本空间上的单值实函数，根据可能取值的情况，常见的随机变量有离散型随机变量和连续型随机变量。随机变量的随机性刻画就是通过其分布描述来实现的。

本章的教学目的是以统计分析为主线，对其涉及的随机变量常见分布给出直观简洁的解释。主要解决以下 3 个问题：

（1）概率的计算；
（2）离散型随机变量的常见分布；
（3）连续型随机变量的常见分布。

2.1 概率的计算

简单来讲，概率是对一个事件发生可能性的度量，取值为 0~1。但这并不是概率的严格数学定义，此处不再详细讨论[①]。有两类问题的概率计算是我们经常用到的，即古典方法和几何方法，下面分别举例来说明。

【例 2-1】一副完整的扑克牌，随意从中抽取 1 张，抽到的牌是黑桃的概率是多少呢？

相信我们一定会脱口而出，抽到黑桃的概率是 13/54。这里我们的思路是：一共有 54 种情况，其中有 13 种情况满足"扑克牌是黑桃"的要求，再考虑到 54 种情况的每一种都是等可能出现的，所以就用简单明了的"13 和 54 做除法"来计算概率，这种方法即所谓的古典方法。

---

① 概率的严格数学定义可以参见《概率论与数理统计》（第二版），西南交通大学数学学院统计系编，科学出版社 2017 年版。

古典方法计算概率对问题有两个要求：所有可能出现的情况总数是可以计算出来的，而且每一种情况都是等可能出现的。古典方法的应用主要会涉及排列组合的知识。

【例 2-2】 在区间 $[0,2]$ 上任意投一个点，求其落在 $[0.5,1.5]$ 之间的概率。

这个问题非常简单，概率就是

$$\frac{1.5-0.5}{2-0}=\frac{1}{2}$$

这和前面的古典方法有相似性（取点的等可能性），也有不同之处。这里虽然还是用的分式，但在 $[0,2]$ 之间任意取数的可能情况不能用个数来度量，而是用区间长度，分子也类似。长度属于几何度量，这类方法称为几何方法。

经典的抛硬币、掷骰子、蒲丰投针、相遇问题的概率计算都属于上述两种方法。此处不再赘述，感兴趣的同学可以参考相应的概率论教材。

如果用随机变量来描述例 2-1 和例 2-2 两个问题，那么前者是离散型随机变量，后者是连续型随机变量。随机变量一般用大写字母 $X, Y, Z, \cdots$ 表示。因为其取值的特点，这两类随机变量的刻画方式也各有不同，下面将分别介绍，并结合实际问题给出常见的概率分布。需要注意的是，我们并不强调这些常见分布的概率如何查表计算，只要求大家利用软件来完成概率的计算。

2.2 离散型随机变量的分布

离散型随机变量的特点是其可能的取值是有限个或者可列无穷多个，相应的刻画方式有两个要点：① 所有的可能取值；② 取每一个值的概率。

定义 2-1 设离散随机变量 X 的可能取值为 $x_1, x_2, \cdots, x_n, \cdots$，称

$$P\{X=x_k\}=p_k, \ k=1,2,\cdots$$

为 X 的概率分布或分布律。

分布律满足以下两个条件：

（1）非负性：$p_k \geqslant 0$，$k=1,2,\cdots$；

（2）规范性：$\sum_k p_k = 1$。

已知 X 的分布律，对其所有可能取值用其概率作为权重计算得到的加权平均值就是数学期望（Expectation）[①]，通常用 $E(X)$ 表示，即

$$E(X)=\sum_k x_k \cdot P\{X=x_k\}$$

数学期望的本质是概率意义下的加权平均，亦称均值。方差（Variance）描述的则是

---

① 严格来讲，只有当定义中的级数绝对收敛，数学期望才存在。后面的方差定义也有相应要求。

随机变量以数学期望为中心的波动程度，用 $Var(X)$ 表示，其定义式为

$$Var(X) = \sum_k (x_k - \mu)^2 \cdot P\{X = x_k\}$$

其中，$\mu = E(X)$。因为其量纲与 X 的量纲不一致，实际使用中更习惯用方差的算术平方根，即标准差 σ，其定义式为

$$\sigma = \sqrt{Var(X)} = \sqrt{\sum_k (x_k - \mu)^2 \cdot P\{X = x_k\}}$$

2.2.1 二项分布（Binomial Distribution）

连续抛一颗质地均匀的骰子 5 次，6 点恰好出现 2 次的概率是多少呢？显然，我们对究竟是哪两次出现 6 点没有要求，所以所求概率为 $\binom{5}{2} \times \left(\frac{1}{6}\right)^2 \times \left(\frac{5}{6}\right)^3 = 0.16$。进一步，可以将其推广至 n 次的情况，即事件 A 出现次数 X 的概率描述。

定义 2-2 如果随机变量 X 的可能取值为 0, 1, 2, $\cdots$, n，且

$$P\{X = k\} = \binom{n}{k} p^k (1-p)^{n-k}, k = 0, 1, 2, \cdots, n$$

其中 $0 < p < 1$，则称 X 服从二项分布，记为 $X \sim B(n, p)$。

根据定义式可以计算得到，如果 $X \sim B(n, p)$，数学期望 $E(X) = np$，方差 $Var(X) = np(1-p)$，标准差 $\sigma(X) = \sqrt{np(1-p)}$。

特别地，当 $n = 1$ 时，称 $X \sim B(1, p)$ 为伯努利分布（Bernoulli Distribntion），亦称 0-1 分布或两点分布，其分布律为

$$P\{X = k\} = p^k (1-p)^{1-k}, \ k = 0, 1$$

二项分布是在实际应用中常见的一种分布类型。如掷一枚硬币 n 次，正面出现的次数；检查 n 个产品，其中次品的个数；n 个新生婴儿中男婴的个数；某射手向同一目标射击 n 次，击中靶心的次数，等等，都可以用二项分布来描述。

【**例 2-3**】一张试卷上有 5 道选择题，每道题列出 4 个可能答案，其中只有一个答案是正确的。若只靠猜测至少能答对 4 道题的概率是多少？

解 用随机变量 X 表示该学生只靠猜测答对的题目数，则 $X \sim B\left(5, \frac{1}{4}\right)$。

所以只靠猜测至少能答对 4 道题的概率为

$$P\{X \geqslant 4\} = P\{X = 4\} + P\{X = 5\} = \binom{5}{4}\left(\frac{1}{4}\right)^4 \times \frac{3}{4} + \left(\frac{1}{4}\right)^5 = \frac{1}{64}$$

图 2-1 是 p 值给定、n 值不同的二项分布 $B(20, 0.3)$ 和 $B(50, 0.3)$ 的比较。图 2-2 是 n 值给定、p 值不同的二项分布 $B(20, 0.1)$，$B(20, 0.3)$ 和 $B(20, 0.5)$ 的比较。这里，点之间

的连线仅仅是为了比较对应组的点（取横坐标对应值的概率），在点之外的概率为零。

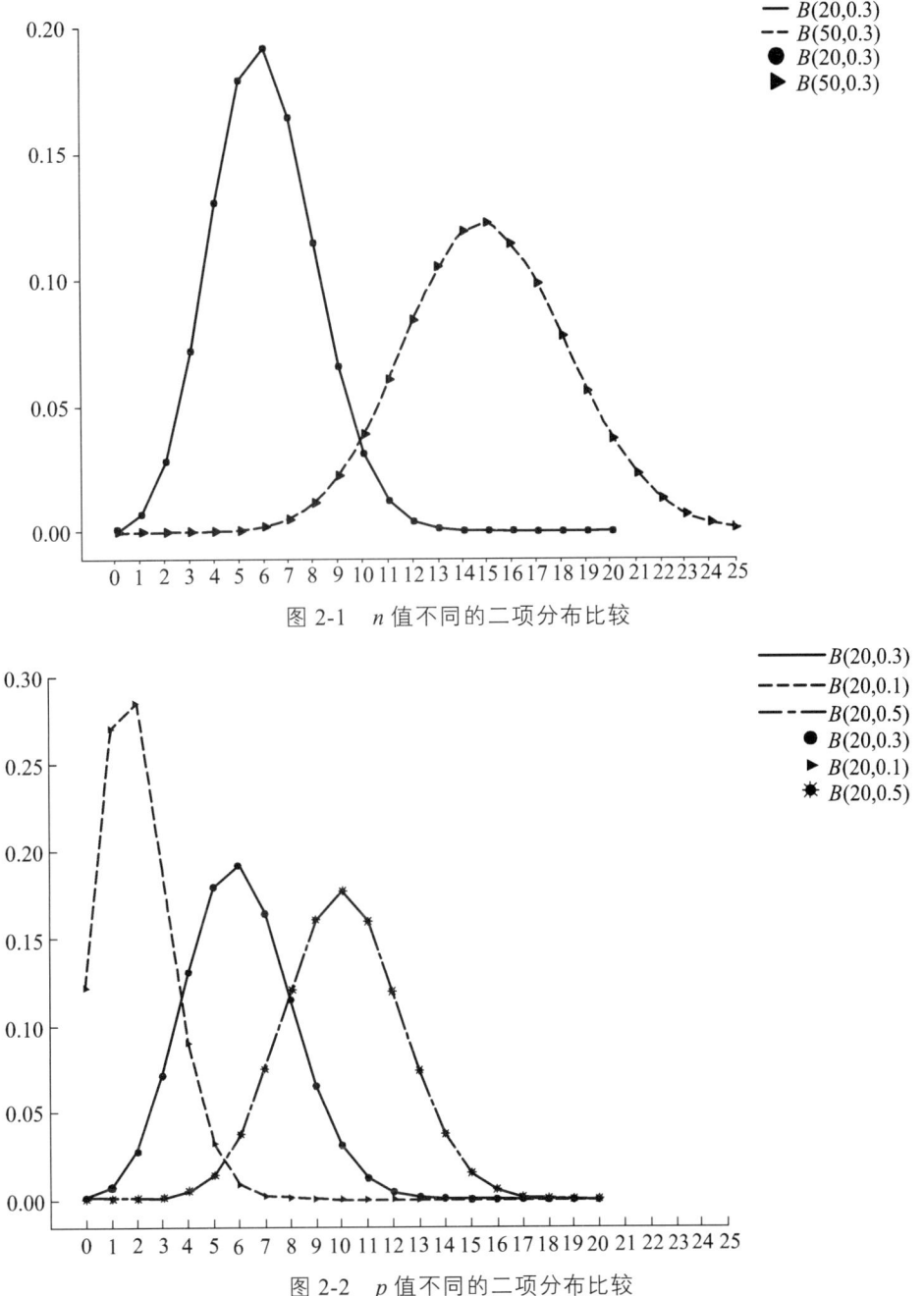

图 2-1　n 值不同的二项分布比较

图 2-2　p 值不同的二项分布比较

可以发现，二项分布具有以下特点：

（1）对于固定的 n 和 p，随着 k 的增加，概率 $P\{X=k\}$ 先增加并达到最大值，之后转为下降的趋势。

（2）当 p 较小且 n 不大时，分布是偏倚的，随着 n 的增大，分布逐渐趋于对称。

（3）当 p 值趋于 0.5 时，分布趋于对称（见图 2-2）。

二项分布也可以用抽球模型来描述。如果箱子里有 a 个红色球、b 个白色球，有放回地任意抽取 n 个球，抽出的红色球个数是随机的，其概率就可以用二项分布来计算。如果箱子中的球不止 2 个颜色，有 a 个红色球、b 个白色球、c 个蓝色球，仍然有放回地任意抽取 n 个球，其中红色球、白色球、蓝色球的个数也是随机的，相应的概率计算就是二项分布的推广，即多项分布（Multinomial Distribution）。

2.2.2 超几何分布（Hypergeometric Distribution）

继续考虑上面描述二项分布的抽球模型，箱子中仍然有 a 个红色球、b 个白色球，只是抽球的方式换成无放回地任意抽取 n 个球，其中红色球的个数也是有很多种可能的，相应的概率该如何计算呢？

定义 2-3 如果记抽出的红色球个数为随机变量 X，其可能取值为 $0, 1, 2, \cdots, \min\{n, a\}$，相应的概率为

$$P\{X = k\} = \frac{\binom{a}{k}\binom{b}{n-k}}{\binom{a+b}{n}}$$

这个分布就是超几何分布（Hypergeometric Distribution）。

根据超几何分布的概率模型，在现实的抽样调查工作中，通常不会重复调查同一个人，这时用超几何分布来描述这类问题是合适的。但超几何分布的计算涉及的组合数计算量比较大，尤其是总体规模很大，样本量也不会太小的情况，因此超几何分布就需要处理庞大的计算问题。所以在实践过程中，通常会用二项分布来近似，这是因为总体规模很大的情况，相当于从一个有巨量红色球和白色球的箱子中随机抽球，即使是无放回抽取，抽样时待抽取的红色球与白色球比例变化也非常细小，可以忽略。

2.2.3 泊松分布（Poisson Distribution）

在自然界及工程技术等应用领域中，还有一类重要的离散分布就是泊松分布。例如，某网站在单位时间内被点击的次数；放射物在某一时间段内发射的粒子数；容器在某一时间段内产生的细菌数，等等，在一定条件下，都可以用泊松分布来描述。

定义 2-4 设随机变量 X 的所有可能取值为 $0, 1, 2, \cdots$，且

$$P\{X = k\} = \frac{\lambda^k}{k!} \cdot e^{-\lambda}, \ k = 0, 1, 2, 3, \cdots$$

其中 $\lambda > 0$，则称 X 服从参数为 λ 的泊松分布，记为 $X \sim \pi(\lambda)$。

如果 $X \sim \pi(\lambda)$，数学期望 $E(X) = \lambda$，方差 $Var(X) = \lambda$。

泊松分布在随机过程和排队论中都有着广泛的应用，参数 λ 描述的是平均特性。如 X 表示单位时间内某网站被点击的次数，λ 表示在这单位时间内被点击的平均次数。图 2-3 所示的是参数为 2、5、10 的泊松分布图（只标出 20 以内的部分），这里点之间的连线仅仅是为了比较这三组点（取横坐标对应值的概率），在点之外的概率为零。

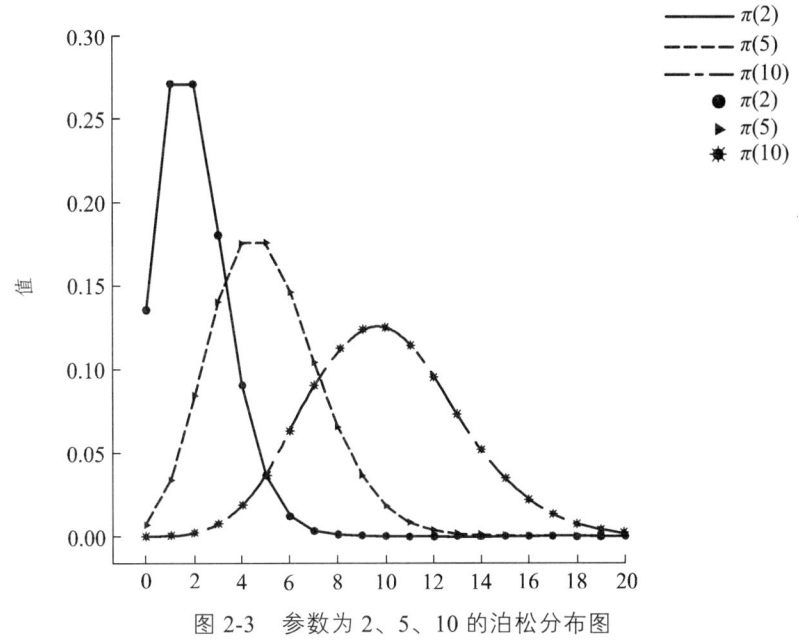

图 2-3　参数为 2、5、10 的泊松分布图

【例 2-4】设每分钟通过某交叉路口的汽车流量服从泊松分布，且已知在一分钟内无车辆通过和恰好有一辆车通过的概率相同，求在一分钟内至少有两辆车通过的概率。

解　由题意知，$X \sim \pi(\lambda)$，且

$$P\{X=0\} = P\{X=1\} = \frac{\lambda^0}{0!} \cdot e^{-\lambda} = \frac{\lambda^1}{1!} \cdot e^{-\lambda}$$

解得

$$\lambda = 1$$

因此，一分钟内至少有两辆车通过的概率为

$$P\{X \geqslant 2\} = 1 - P\{X=0\} - P\{X=1\}$$
$$= 1 - \frac{1^0}{0!} \cdot e^{-1} - \frac{1^1}{1!} \cdot e^{-1} = 1 - 2e^{-1}$$

2.3　连续型随机变量的分布

与离散型随机变量相比较，连续型随机变量最大的特点在于它能够取值于一个区间内的每个值，也就是说，对于该区间内任意两点 a 和 b（$a<b$），a 与 b 之间的任意实数

x 都是有可能取到的。因为理论上讲，连续型随机变量取定值的概率是恒为 0 的[①]，对于其分布规律的描述就不能像离散型随机变量一样列出取值点，再给出取这些值的概率。

实际操作中，我们无法对连续型随机变量进行不间断观测，但可以将数轴划分成一个个首尾相连的小区间，以每一个小区间为底作直方图，每一个矩形条的面积就是在小区间内取值的概率（实际操作中即计算观测值落入该区间内的频率），所有矩形条的面积之和等于 1。

进一步，让所有小区间的宽度不断变小，这样我们得到的直方图顶端连线就会越来越光滑。图 2-4 给出了直方图到概率密度曲线的示意图。该曲线就是连续型随机变量的概率密度曲线，其对应的函数就是概率密度函数 $f(x)$，且整个曲线与横轴之间的面积为 1。

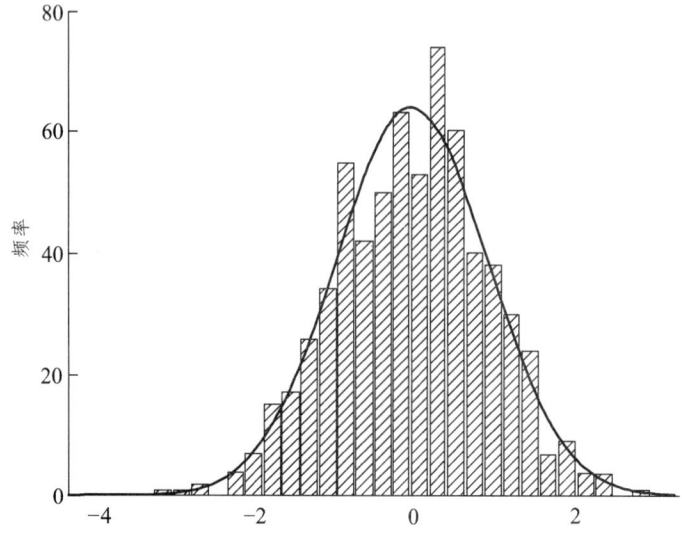

图 2-4 直方图到概率密度曲线的示意图

如果以横轴的某一区间 $[a, b]$ 为底，概率密度函数在这个区间上的积分就是随机变量在这个区间上取值的概率，即

$$P\{a < X < b\} = \int_a^b f(x)\mathrm{d}x \tag{2-1}$$

图 2-5 就是公式（2-1）的示意图。需要注意以下两点：

（1）通过概率密度函数，实现了"概率问题→积分计算"的转换；
（2）区间端点 a，b 是否取得对概率的计算没有影响，即

$$P\{a < X < b\} = P\{a \leqslant X < b\} = P\{a < X \leqslant b\}$$
$$= P\{a \leqslant X \leqslant b\} = \int_a^b f(x)\mathrm{d}x$$

[①] 关于连续型随机变量及其概率密度函数的严格定义可查阅概率论教材，如：《概率论与数理统计》（第二版），西南交通大学数学学院统计系编，科学出版社 2017 年版。

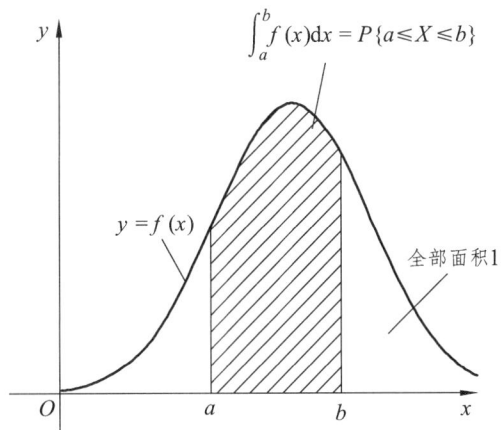

图 2-5 概率与概率密度函数的关系

对于连续型随机变量 X，如果其概率密度函数为 $f(x)$，即 $X \sim f(x)$，则数学期望[①]定义为

$$E(X) = \int_{-\infty}^{+\infty} x \cdot f(x) \mathrm{d}x$$

方差和标准差分别定义为

$$Var(X) = \int_{-\infty}^{+\infty} (x - \mu)^2 \cdot f(x) \mathrm{d}x$$

$$\sigma = \sqrt{Var(X)} = \sqrt{\int_{-\infty}^{+\infty} (x - \mu)^2 \cdot f(x) \mathrm{d}x}$$

其中，$\mu = E(X)$。

下面介绍两种常用的连续分布——均匀分布和正态分布。

2.3.1 均匀分布（Uniform Distribution）

定义 2-5 若随机变量 X 的概率密度函数为

$$f(x) = \begin{cases} \dfrac{1}{b-a}, & a \leqslant x \leqslant b \\ 0, & 其他 \end{cases}$$

则称 X 服从区间 $[a,b]$ 上的均匀分布，记为 $X \sim U(a, b)$，如图 2-6 所示。

进一步，如果 $X \sim U(a, b)$，数学期望 $E(X) = \dfrac{a+b}{2}$，方差 $Var(X) = \dfrac{(b-a)^2}{12}$。

特别地，当 $a = 0, b = 1$ 时，$U(0,1)$ 称为标准均匀分布。

注意到，对于 $[a,b]$ 区间内的任意一个小区间 $(c, c+l)$，X 落入其中的概率为

---

① 与前面离散型随机变量的情况类似，这里要求定义式中的积分绝对收敛，数学期望才存在。方差的定义也做同样要求。

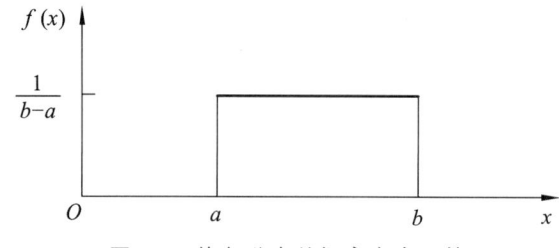

图 2-6 均匀分布的概率密度函数

$$P\{c < X \leqslant c+l\} = \int_c^{c+l} f(x)\mathrm{d}x = \int_c^{c+l} \frac{1}{b-a}\mathrm{d}x = \frac{l}{b-a}$$

这表明，均匀分布的随机变量 X 的取值落入 $[a,b]$ 区间内任意一个小区间的概率与小区间的长度成正比，而与小区间的位置无关。均匀分布通常可以用来描述随机投点的数学模型。

【例 2-5】 设公共汽车站从上午 7 时起每隔 15 分钟来一班车，如果某乘客到达此站的时间是 7:00 到 7:30 之间的任意时刻。试求该乘客候车时间不超过 5 分钟的概率。

解 设该乘客于 7 时 X 分到达此站，则 X 服从区间 $[0,30]$ 上的均匀分布，其密度函数为

$$f(x) = \begin{cases} \dfrac{1}{30}, & 0 \leqslant x \leqslant 30 \\ 0, & \text{其他} \end{cases}$$

乘客候车时间不超过 5 分钟的概率为

$$P\{10 \leqslant X \leqslant 15\} + P\{25 \leqslant X \leqslant 30\} = \int_{10}^{15} \frac{1}{30}\mathrm{d}x + \int_{25}^{30} \frac{1}{30}\mathrm{d}x = \frac{1}{3}$$

2.3.2 正态分布（Normal Distribution）

定义 2-6 正态分布，也称高斯分布（Gaussian Distribution），其概率密度函数为

$$f(x) = \frac{1}{\sqrt{2\pi}\sigma} \mathrm{e}^{-\frac{(x-\mu)^2}{2\sigma^2}}, \quad -\infty < x < +\infty$$

记为 $X \sim N(\mu, \sigma^2)$，其中 $\sigma > 0$，如图 2-7 所示。

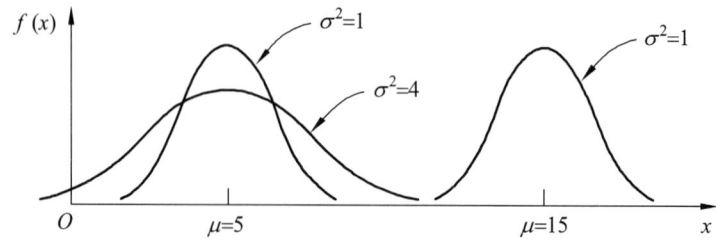

图 2-7 正态分布的概率密度函数

计算之后可以发现，这里的两个参数分别是正态分布的数学期望和方差，即 $E(X) = \mu$，$Var(X) = \sigma^2$。

特别地，当 $\mu = 0, \sigma = 1$ 时，称 $N(0,1)$ 为标准正态分布。标准正态分布的概率密度函数为

$$\Phi(x) = \frac{1}{\sqrt{2\pi}} e^{-\frac{x^2}{2}}, \quad -\infty < x < +\infty$$

由于标准正态分布不含有任何未知的参数，所以若随机变量 $X \sim N(0, 1)$，对于任意实数 a, b，$P\{a < X < b\} = \int_a^b \Phi(x) dx$ 的值都是可以计算出来的。

实际问题中我们遇到的正态分布未必都是标准正态分布，其概率也能算吗？答案是"能"！因为服从一般正态分布 $N(\mu, \sigma^2)$ 的随机变量 X，都可以通过标准化变换 $Z = \dfrac{X - \mu}{\sigma}$ 化为标准正态分布，相应地

$$P\{a < X < b\} = P\left\{\frac{a - \mu}{\sigma} < Z < \frac{b - \mu}{\sigma}\right\} = \int_{(a-\mu)/\sigma}^{(b-\mu)/\sigma} \Phi(x) dx$$

实际问题中的概率计算可以用 Excel 或者 SPSS 完成，这里不再赘述。

【例 2-6】 司机在驾驶过程中看到前车刹车灯到减慢车速的反应时间（单位：秒）对于避免追尾事故至关重要。有研究发现，这个反应时间可以用正态分布 $N(1.25, 0.46^2)$ 来描述。试问反应时间在 1 至 1.75 秒的概率是多少？[①]

解 设随机变量 X 表示反应时间，则有 $X \sim N(1.25, 0.46^2)$。

所以所求概率为

$$\begin{aligned} P\{1 \leqslant X \leqslant 1.75\} &= \Phi\left(\frac{1.75 - 1.25}{0.46}\right) - \Phi\left(\frac{1 - 1.25}{0.46}\right) \\ &= \Phi(1.09) - \Phi(-0.54) \\ &= 0.862\,1 - (1 - 0.705\,4) = 0.567\,5 \end{aligned}$$

---

① "Fast-Rise Brake Lamp as a Collision-Prevention Device"，*Ergonomics*, 1993: 391-395

抽样分布 3

对于一个统计问题,将研究对象的全体称为总体,构成总体的每一个元素称为个体。从总体中抽出一部分个体,构成一个样本。对于同一个总体,样本不同,所得的观测值也不同。例如,从某高校所有在校生中先后两次随机抽取 $n=3$ 名学生调查其月生活费(单位:元),第一次调查结果为 $x_1=1480$,$x_2=1390$,$x_3=1860$,第二次调查结果为 $x_1=1580$,$x_2=1720$,$x_3=1360$。甚至同一个样本,在不同条件下也有不同的样本观测值。又如,从某班学生中随机抽取 10 人记录其前一天的运动步数,明天再记录这 10 人的运动步数,同一样本的这两组观测值就可能出现差异。也就是说,在获得样本数据前,每一个样本的取值都具有不确定性。正是由于这种不确定性,我们前面所计算的样本均值、方差这些特征量是随机的,也有自己的分布规律,这些分布就是下面要介绍的抽样分布(Sampling Distribution),也是进一步统计推断的理论基础。

需要注意的是,统计推断关注的最终问题是:总体到底是什么样子的?所以我们的思路是结合例子,理解抽样分布和总体分布之间的关系,以及确定抽样分布的思想和方法。

3.1 样本均值的分布

样本均值的抽样分布,就是在给定样本量的条件下所有可能样本均值的概率分布。

【例 3-1】一个质地均匀的骰子,各面分别标有数字 1~6。投掷一次,每个数字出现的概率显然都是 1/6,总体分布如表 3-1 所示。

表 3-1 总体分布情况

1	2	3	4	5	6
1/6	1/6	1/6	1/6	1/6	1/6

试验如下:每次连续掷 n 次骰子,记录样本均值;记录 20 次,观察这 20 个均值的规律。

> 问题分析

(1)根据问题描述,总体分布的均值(即数学期望)是

$$\frac{1}{6} \times (1+2+3+4+5+6) = 3.5$$

（2）取不同的 n，比较样本均值的抽样分布有何特点？

① 取 $n=10$，记录 20 次试验的样本均值；
② 取 $n=50$，记录 20 次试验的样本均值；
③ 取 $n=100$，记录 20 次试验的样本均值。

实现过程和结果阐述

利用 Excel 软件的随机数生成 1~6 中的任意整数，作为掷骰子观察的点数，记录 $n=10$ 时 20 次试验的结果数据，如图 3-1 所示。

图 3-1 随机数生成

图 3-1 中，每一行对应一次试验结果，每次试验有 10 个数据，共有 20 行，对应 20 次试验结果。计算每次试验的 10 个数据的算术平均值，记录下来并导入 SPSS 软件的数据文件；类似地，可以把 $n=50$，$n=100$ 相应的 20 次试验结果得到的样本平均值分别导入，变量说明如图 3-2 所示。

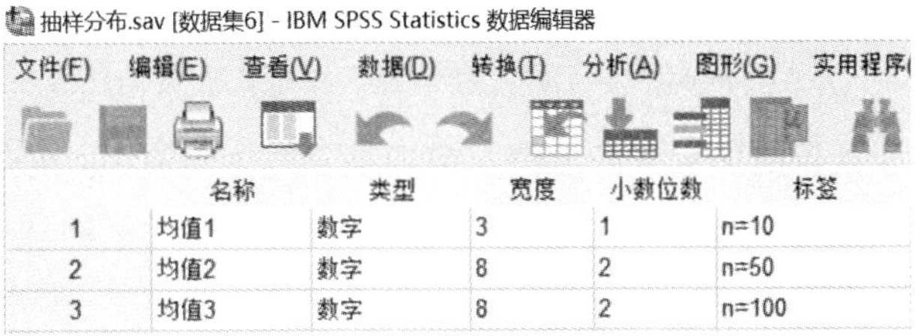

图 3-2 变量说明

图 3-3 所示的是 $n=10$，$n=50$，$n=100$ 三种情况下，重复做 20 次试验每次抽取 n 个样本之后计算得到的样本均值。

按照前面所讲的方法对这三组数据绘制折线图（见图 3-4），这里点之间的连线仅仅是为了比较对应组的点。

	均值1	均值2	均值3	变量
1	3.4	3.48	3.33	
2	3.9	3.86	3.37	
3	3.0	3.00	3.45	
4	3.3	3.32	3.60	
5	3.0	3.66	3.55	
6	3.5	3.72	3.74	
7	2.8	3.54	3.18	
8	3.7	3.42	3.72	
9	3.0	3.22	3.51	
10	3.5	3.72	3.42	
11	3.1	2.84	3.44	
12	4.4	3.52	3.69	
13	3.0	3.76	3.46	
14	3.4	3.66	3.72	
15	2.8	3.32	3.73	
16	4.7	3.88	3.32	
17	3.4	3.08	3.42	
18	3.4	2.78	3.46	
19	2.9	3.84	3.36	
20	3.3	3.76	3.45	

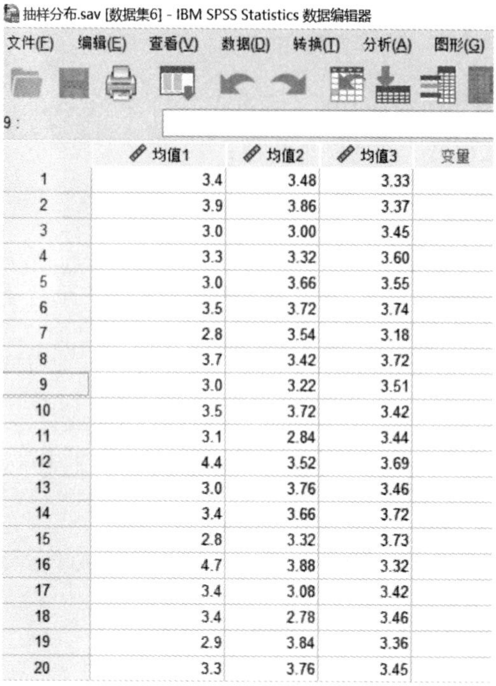

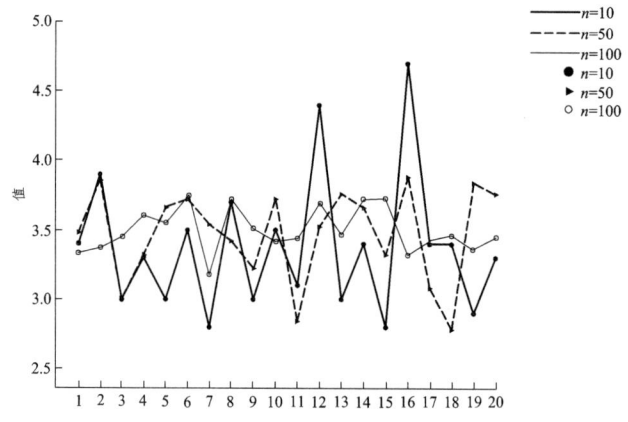

图 3-3　n=10，n=50，n=100 的样本均值数据

图 3-4　n=10，n=50，n=100 三种情况下样本均值波动比较折线图

可以看到，这 3 条折线连起来的取值点都围绕着总体均值 3.5 在波动，而且 n 越大，取值点的波动程度越小。也就是说，每次的样本均值并不会刚好取到 3.5 这个总体均值，其取值具有随机性。

我们提出的问题是：这些样本均值的取值具有什么特征和规律呢？

为了更清晰地观察出样本均值的性质，我们把上面的 n 增大至 5 000，每次的样本均值就是根据这 5 000 个数字计算的平均值，把试验次数由 20 次变成 1 000 次，就得到了 1 000 个样本均值，由此绘制直方图①，这些均值的算术平均是 3.500 794，非常接近 3.5

① 这里是用 R 软件来实现的。

这个真实值。由图 3-5 可以看出，这 1 000 个样本均值的分布在 3.5 附近更密集，横轴下面小的短线标出了这 1 000 个样本均值的实际位置，直方图上的曲线是对这 1 000 个样本均值的密度估计，并呈现出类似正态分布的形状。

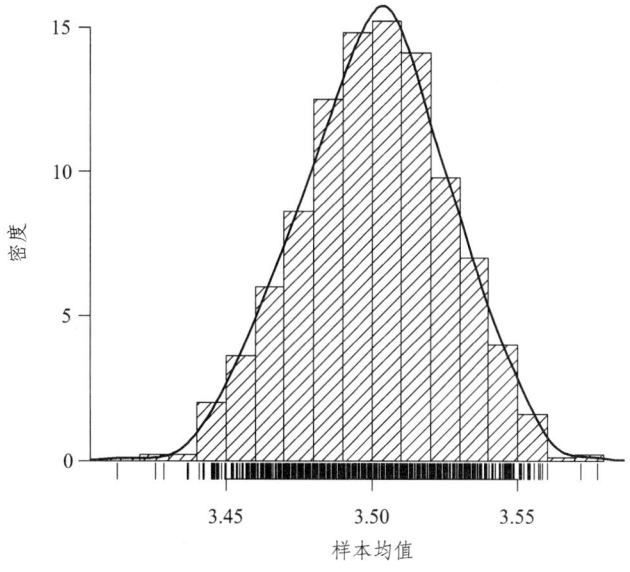

图 3-5　n=5 000 的样本均值直方图

结合这个例子，总体就是出现的点数，可用随机变量 X 表示，其真实分布就是

$$P\{X=k\}=\frac{1}{6},\ k=1,\ 2,\ 3,\ 4,\ 5,\ 6$$

前面已经算过，总体均值（即数学期望）$\mu=E(X)=3.5$，总体方差 $\sigma^2=\dfrac{35}{12}$。

我们的试验是重复试验，每次得到容量为 n 的一个样本，记作 $X_1,\ X_2,\ \cdots,\ X_n$，显然每个 X_i 是相互独立的，而且与总体 X 具有相同分布，这样的样本称为简单随机样本，以下简称样本。

样本均值 $\overline{X}=\dfrac{1}{n}\sum\limits_{i=1}^{n}X_i$，我们可以总结得出，样本均值作为随机变量具有以下性质：

（1）样本均值 $\overline{X}$ 的数学期望等于总体均值 μ，即 $E(\overline{X})=\mu$；

（2）样本均值 $\overline{X}$ 的方差是总体方差的 $1/n$，即 $Var(\overline{X})=\dfrac{\sigma^2}{n}$；

（3）一般情况下，当样本容量 n 增加时，样本均值 $\overline{X}$ 的分布逐渐趋近于正态分布 $N\left(\mu,\dfrac{\sigma^2}{n}\right)$。[①]

需要注意的是，这里总体 X 本身并不服从正态分布，现实问题中，我们也只有在样

[①] 该性质就是中心极限定理（Central Limit Theorem, CLT），更严格的叙述和要求参见概率论相关教材。

本容量足够大的条件下使用样本均值这个渐进正态性的性质来思考解决问题。

3.2 样本比例的分布

抽样调查中，关于总体比例的推断是常见的一类问题。例如在校大学生中曾经做过兼职工作的比例；大学生在读期间参加过学科竞赛的比例等。显然，总体中每一个个体要么具有该特征，要么不具有该特征，因此我们可以用伯努利分布来描述总体 X，其分布律为

$$P\{X = k\} = p^k(1-p)^{1-k}, \ k = 0, 1$$

其中，p $(0 < p < 1)$ 是总体中个体具有该特征的概率。

从总体中随机抽取 n 个样本 $X_1, X_2, \cdots, X_n$，每一个 X_i 的取值就是 0 或者 1。样本比例就是这 n 个样本中取值是 1 的比例，用 $\hat{p}$ 表示，其本质仍然是样本均值。

所以，当样本容量 n 充分大时，样本比例 $\hat{p}$ 的抽样分布近似服从正态分布 $N\left(p, \dfrac{p(1-p)}{n}\right)$。

下面用一个模拟计算的实例，来对样本比例的渐进正态性进行直观展示。

在真实比例 $p = 0.2$ 的伯努利总体 $B(1, 0.2)$ 中，随机抽取 1 000 个样本，计算其样本均值。重复试验 5 000 次，就得到 5 000 个样本均值，这些均值的算术平均是 0.199 800 2，非常接近 0.2 这个真实值。绘制其直方图①，可以看到这些样本均值的分布在 0.2 附近非常密集，且呈现出近似正态的形状，如图 3-6 所示。

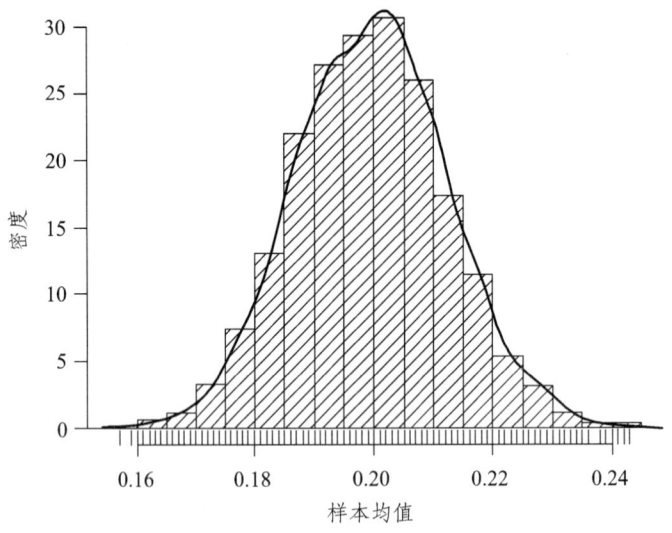

图 3-6 总体比例的模拟计算直方图

---

① 这里是用 R 软件来实现的。

3.3 源于正态分布的 3 个抽样分布

下面介绍统计推断中 3 种常用的抽样分布,分别是 χ^2 分布、t 分布和 F 分布,这些分布都与正态分布有着密不可分的联系。

3.3.1 χ^2 分布

定义 3-1 设 $X_1, X_2, \cdots, X_n$ 相互独立且都服从标准正态分布 $N(0,1)$,则

$$Y = X_1^2 + X_2^2 + \cdots + X_n^2$$

的分布称为自由度为 n 的卡方分布,记为 $Y \sim \chi^2(n)$ 。

关于 χ^2 分布,常用的有以下结论:

(1) $\chi^2(n)$ 的数学期望和方差分别为 $n, 2n$,即

$$E(\chi^2(n)) = n, \ Var(\chi^2(n)) = 2n$$

(2) 两个独立的 χ^2 分布之和仍然是 χ^2 分布,其自由度等于相应的自由度之和。这个结论也称为 χ^2 分布的可加性。

由于 χ^2 分布的构造是平方和的结构,它不会取负值。不同自由度的 χ^2 分布密度函数如图 3-7 所示。

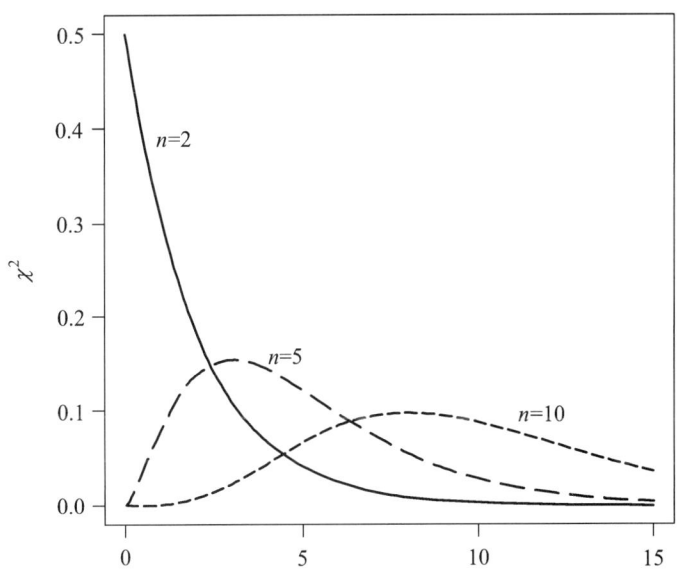

图 3-7 自由度分别为 2,5,10 的 χ^2 分布密度函数曲线

在以前计算比较困难的情况下,统计学教材中都会有相应的概率分布表,便于解决手工计算的问题。但我们现在都是用计算机软件来处理分析数据,会自动得出关于 χ^2 分布需要的结果。

3.3.2 t 分布

定义 3-2 设随机变量 $X \sim N(0,1)$，$Y \sim \chi^2(n)$，且 X 与 Y 相互独立，则

$$T = \frac{X}{\sqrt{Y/n}}$$

的分布称为自由度为 n 的 t 分布，记为 $T \sim t(n)$。

图 3-8 给出了 $t(1)$，$t(2)$，$t(0,1)$ 的密度曲线的示意图。

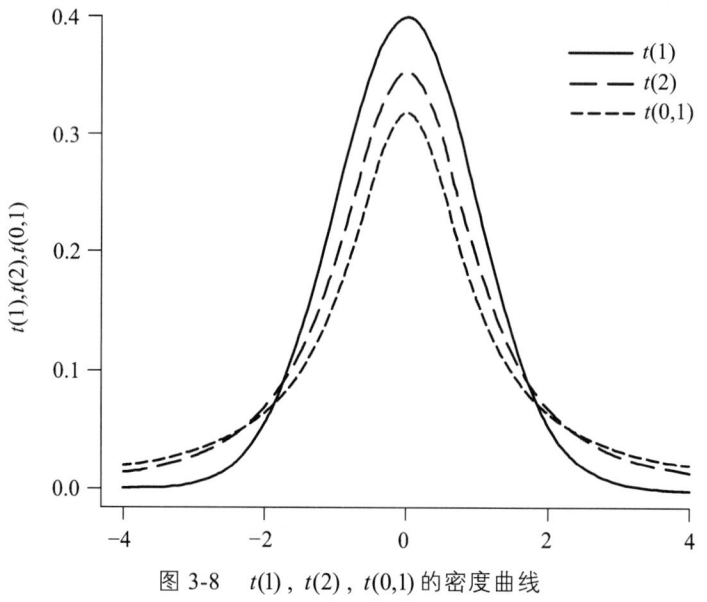

图 3-8 $t(1)$，$t(2)$，$t(0,1)$ 的密度曲线

与标准正态分布 $N(0, 1)$ 相比，t 分布也是对称的钟形曲线，但中间瘦一些，尾端厚一些。随着自由度 n 的增加，t 分布逐渐收敛于 $N(0, 1)$。因此，大样本时，可以用标准正态分布来近似 t 分布。

如果总体 X 服从正态分布 $N(\mu, \sigma^2)$，n 个样本的样本均值 $\overline{X} \sim N\left(\mu, \frac{\sigma^2}{n}\right)$，按照正态分布的标准化过程，可以得到

$$\frac{\overline{X} - \mu}{\sigma / \sqrt{n}} \sim N(0, 1)$$

这个由样本均值 $\overline{X}$ 构造的统计量在统计推断中经常用到。但实际问题中，如果总体的标准差 σ 未知，一个自然的考虑就是用样本标准差 S 来替代，统计量变成如下的结构 $\frac{\overline{X} - \mu}{S / \sqrt{n}}$，这个转化后的统计量不再服从标准正态，而是服从与正态分布有些相似的 t 分布，自由度是 $n-1$，即

$$\frac{\overline{X} - \mu}{S / \sqrt{n}} \sim t(n-1)$$

t 分布是 1908 年 William S. Gosset 在发表的论文中提出的,因为当时他用的笔名是 Student,所以 t 分布常常被称为学生分布(Student's Distribution)。

3.3.3　F 分布

定义 3-3　设随机变量 $X \sim \chi^2(m)$,$Y \sim \chi^2(n)$,且 X 和 Y 相互独立,则称

$$F = \frac{X/m}{Y/n}$$

服从自由度 m 和 n 的 F 分布,记为 $F \sim F(m,n)$,其中 m 是第一自由度,n 是第二自由度。

从定义式可以看到,F 分布是两个独立的 χ^2 分布除以各自的自由度之后做商,第一自由度就是分子自由度,第二自由度就是分母自由度。图 3-9 给出了 3 个 F 分布 $F(3, 20)$,$F(10, 20)$,$F(50, 20)$ 的密度曲线。从图形上看,在第二自由度相同的条件下,第一自由度越小,曲线的峰越靠近左边纵轴。

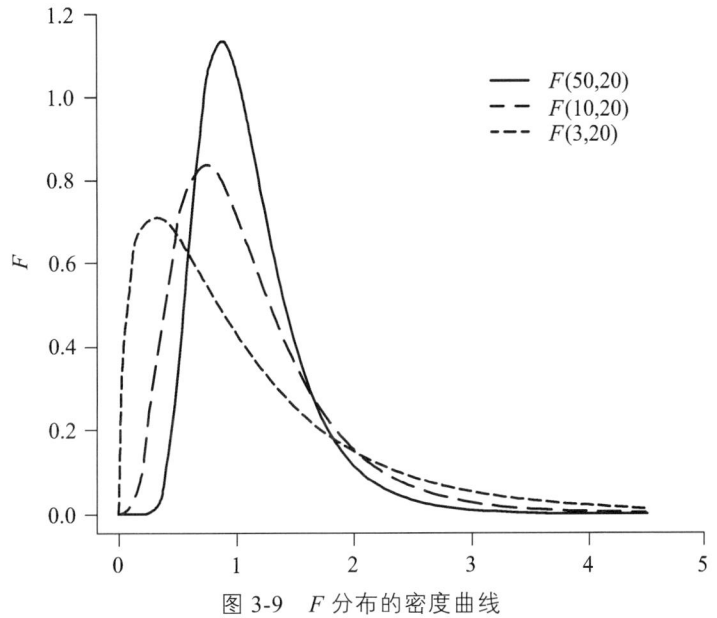

图 3-9　F 分布的密度曲线

3.4　正态性假定的图形检验

正态分布是统计学中的重要分布,很多问题的讨论分析都是基于正态总体的假设。这就有一个基本问题需要我们思考:如何验证样本数据是否来自正态总体?

对于这个问题,我们可以利用数据的可视化分析中偏度和峰度两个指标近似判断,也可以利用 SPSS 软件中的 Q-Q 图来验证。下面结合数据来演示。

【例 3-2】从正态总体 $N(2, 1.5^2)$ 中随机生成容量 200 的样本数据(变量名:VAR10),利用 SPSS 软件中的 Q-Q 图来验证。

实现过程和结果阐述

在 SPSS 软件中打开相应的数据文件，在"分析"下拉菜单依次选择"描述统计"→"Q-Q 图"，如图 3-10 所示。

在弹出的 Q-Q 图对话框中，将要分析数据的变量名选入中间变量框中，右侧检验分布栏中选择"正态分布"，确认之后，输出分析结果，如图 3-11 所示。

图中黑点对应的是 200 个样本数据，黑色线则是参照线，如果这些黑点都在参照线附近，就可以认为样本数据来自正态总体。

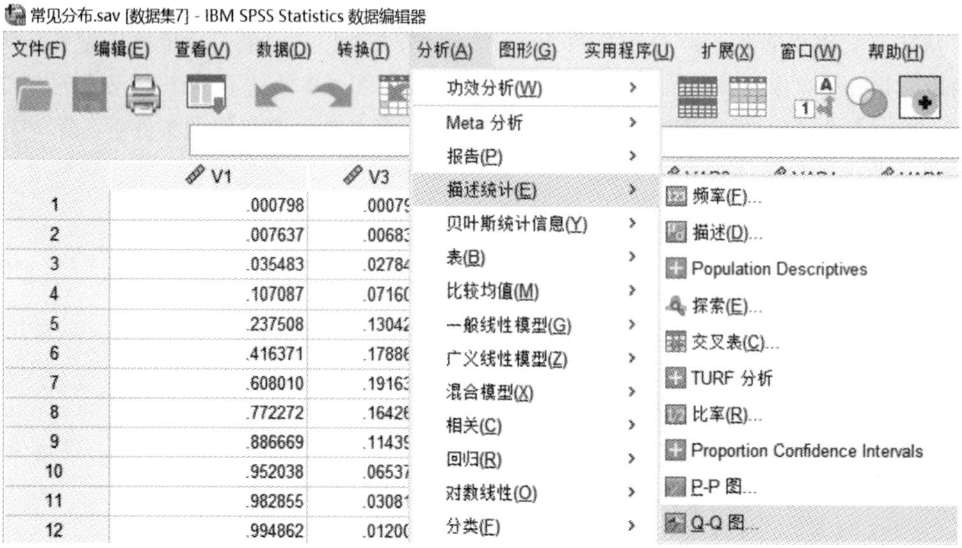

图 3-10 Q-Q 图的找寻路径

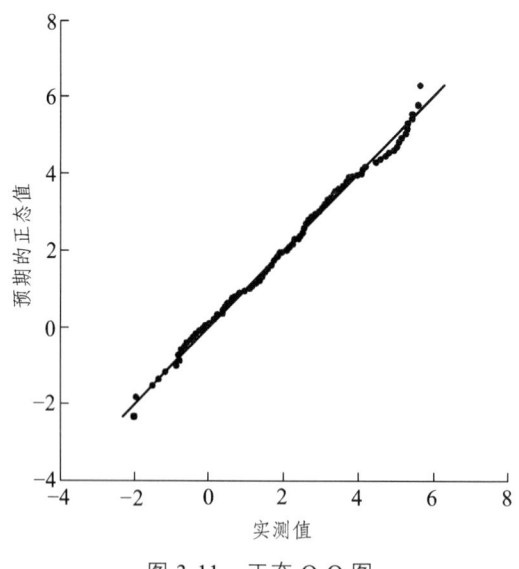

图 3-11 正态 Q-Q 图

Q-Q 图不仅可以用来判断样本数据是否服从正态分布，也可以判断其他的分布，只需在对话框中选择相应的分布选项即可。大家可以自己生成其他分布的样本数据，并用 Q-Q 图分析，进一步熟悉这种方法的应用。

总体参数的估计 4

在总体分布结构已知的条件下，对总体参数的估计和检验是统计推断的两个基本问题。本章要介绍的是对总体参数的估计，而第 5 章将介绍相应的假设检验问题。在这两章中，我们总是假设样本数据来自某个已知分布的总体。

例如调查某高校在校生的熬夜情况，这里"是否熬夜"就可以用 0-1 分布来描述。我们随机抽取了 500 个同学进行调查，其中仅有 40 个同学没有熬夜习惯，根据数据我们得出了"在校生中仅有 40/500，即 8% 的学生没有熬夜习惯"的结论。这就是统计推断中的点估计（Point Estimation）。如果我们的结论是"没有熬夜的学生比例是 7.97% ~ 8.03%"，而且这个区间的可信度为 95%，则这就是区间估计（Interval Estimation）。

从形式上看，点估计简单直观，使用方便；而区间估计给出的是可能包含了参数真值的一个区间，留有余地的处理更容易让人接受。这两种处理都有概率论和数理统计的相关理论作为基础，在此关于理论基础不再详细阐述，以下分四类问题介绍常用的估计方式、SPSS 软件实现过程和结果阐述：

（1）单正态总体参数的估计；
（2）两正态总体均值差的估计；
（3）总体比例的估计；
（4）样本量的确定。

4.1 单正态总体参数的估计

在统计推断中，如果我们所关注的总体 X 可以用正态分布 $N(\mu, \sigma^2)$ 来描述，其中关于总体均值 μ、方差 σ^2 的估计问题统称为单正态总体参数的估计。

首先考虑点估计问题，这也是我们最熟悉的内容，如果将样本记作 $X_1, X_2, \cdots, X_n$，最常用的是

$$\hat{\mu} = \overline{X} = \frac{1}{n}\sum_{i=1}^{n} X_i, \quad \hat{\sigma}^2 = S^2 = \frac{1}{n-1}\sum_{i=1}^{n}(X_i - \overline{X})^2$$

式中，$\hat{\mu}$，$\hat{\sigma}^2$ 分别表示相应参数 μ 和 σ^2 的估计量（Estimator）。因为样本是随机的，所

以估计量也是随机变量。代入具体的样本数据计算出的结果就是估计值（Estimate）。但如果重新抽样，就会得到不同的估计值，而我们无法得知哪一个刚好等于真实的参数值。

理论上可以证明，样本均值 $\overline{X}$、样本方差 S^2 作为 μ 和 σ^2 的估计量，都是无偏估计量[①]，即

$$E(\overline{X}) = \mu, \quad E(S^2) = \sigma^2$$

鉴于点估计的上述特点，我们考虑在点估计的基础上左右浮动得到一个范围，这就是区间估计（Interval Estimation）。那么浮动多少合适呢？直观来讲，浮动太多，区间宽度会过宽，估计就失去了意义。反之，区间宽度过窄，能够将参数真值包含在其中的概率也会大大降低。在样本量给定的条件下，这两个要求无法同时兼顾，而置信区间（Confidence Interval，CI）的思想就是在保证概率的前提下，构造相应的双侧置信区间或单侧置信区间。

以正态总体 $N(\mu, \sigma^2)$ 为例，参数 μ 的置信度 $1-\alpha$ 的置信区间为

$$\left(\overline{X} - t_{\alpha/2}(n-1) \cdot \frac{S}{\sqrt{n}}, \quad \overline{X} + t_{\alpha/2}(n-1) \cdot \frac{S}{\sqrt{n}} \right)$$

该区间的中心是样本均值 $\overline{X}$，其中 S 是样本标准差，n 是样本容量，$t_{\alpha/2}(n-1)$ 是满足定义条件 $P\{X > t_{\alpha/2}(n-1)\} = \alpha/2$ 的 t 分布上分位点。

例如，随机变量 $Y \sim t(14)$，$t(14)$ 分布的密度函数及上分位点如图 4-1 所示，有

$$P\{Y > 2.144\,8\} = 0.025$$

则 2.144 8 为其 0.025 上分位点，记为 $t_{0.025}(14) = 2.144\,8$。

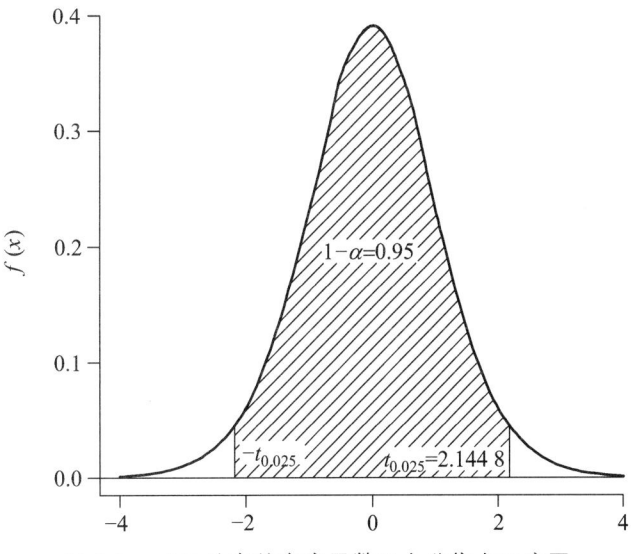

图 4-1 $t(14)$ 分布的密度函数及上分位点示意图

[①] 关于构造点估计量的方法和相关理论此处不再赘述，可以参考数理统计的专业教材。

在 SPSS 软件中，参数 μ 的置信区间可以直接得到，不需要代入上述公式进行计算。只要根据样本数据得到了具体的置信区间，就不再是随机区间，而是一个固定的数值区间；如果重新抽样得到样本数据，又会得到新的数值区间。

图 4-2 展示的是置信度 $1-\alpha=0.95$，样本量 $n=50$，在正态总体重复抽样 100 次计算得到的置信区间。每一个置信区间表示为两端有短线的竖直线段，线段中间的黑色圆点是样本均值，水平虚线是真实总体均值。

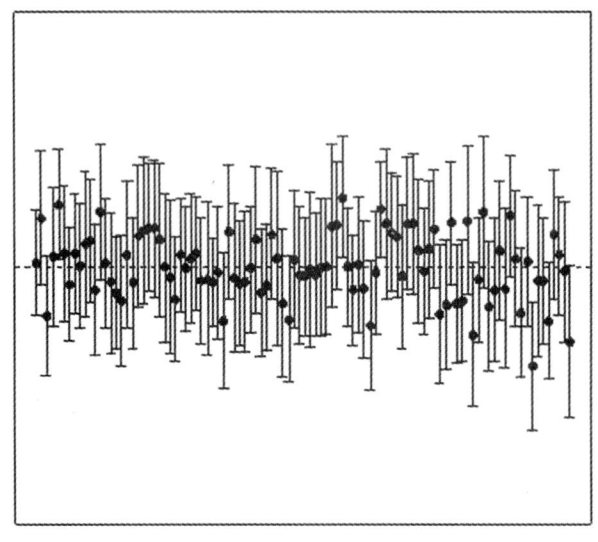

图 4-2　$n=50$，$1-\alpha=0.95$ 的 100 个置信区间

由图 4-2 可以看出，根据样本得到的每个置信区间，相对参数真值而言只有两种情况：覆盖住真值，或者没有覆盖。按照这种结构得到的众多置信区间中覆盖参数真值的区间数量的比例就是相应的置信度（Confidence Level）。这说明这种区间构造本身的可靠度和稳定性，反映了对这个区间构造方法的信心。

对于正态总体 $N(\mu, \sigma^2)$，方差 σ^2 的置信度 $1-\alpha$ 的置信区间为

$$\left(\frac{(n-1)S^2}{\chi^2_{\alpha/2}(n-1)}, \frac{(n-1)S^2}{\chi^2_{1-\alpha/2}(n-1)} \right)$$

其中，S^2 是样本方差，$\chi^2_{\alpha/2}(n-1)$ 是自由度为 $n-1$ 的 χ^2 分布上分位点，即若 $\chi^2_{0.025}(15)=27.48839$，意味着 $P\{\chi^2(15)>27.48839\}=0.025$。进一步，可以给出标准差 σ 的 $1-\alpha$ 置信区间

$$\left(\sqrt{\frac{(n-1)S^2}{\chi^2_{\alpha/2}(n-1)}}, \sqrt{\frac{(n-1)S^2}{\chi^2_{1-\alpha/2}(n-1)}} \right)$$

以下结合实例给出具体处理过程和相关结果的解释说明。

【例 4-1】想要了解某校在校本科生使用电脑情况，采用随机访问的方式完成了 100 份调查问卷，所得到的调查数据见"数据 6_使用电脑情况.sav"，调查问卷如下：

调查问卷

Q1. 请问：你每周使用电脑的时间是_____小时。

Q2. 请问：在使用电脑的过程中，上网时间有_____小时。

性别：男□　　　　女□

问题分析

对于这样一份简单的问卷，我们的目的是解决以下两个问题：

（1）在校生的电脑平均使用时间是多少？

（2）电脑使用过程中，在校生的平均上网时间是多少？

以下分析中我们仅针对第一个问题"电脑平均使用时间"展开，第二个问题作为练习题留给大家。

假定在校本科生的电脑使用时间服从正态分布 $N(\mu, \sigma^2)$，那么我们关注的第一个问题就是对参数 μ 的估计。

实现过程和结果阐述

首先，判断样本是否来自正态总体。判断每周电脑使用时间的 100 个样本数据是否来自正态总体，可以利用 SPSS 软件的 Q-Q 图，如图 4-3 所示。

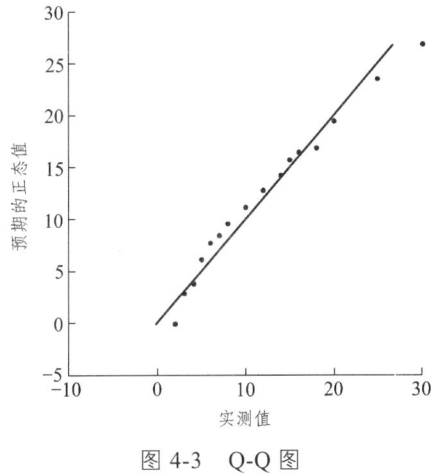

图 4-3　Q-Q 图

根据之前讲述的 Q-Q 图使用，图 4-3 中这些黑点基本都在参照线附近，所以可以用正态分布 $N(\mu, \sigma^2)$ 来描述在校本科生的每周电脑使用时间，其中参数 μ 和 σ^2 都未知。

我们所要估计的电脑平均使用时间就是正态分布的数学期望 μ，在 SPSS 软件中打开相应的数据文件，选择"描述统计"中的探索分析，如图 4-4 所示。

在弹出的探索分析对话框中，将要分析的变量"每周使用电脑时间"选入因变量列表栏中，点击右上方的"统计"按钮，会出现图 4-5 右下方"探索：统计"对话框，选中第一项"描述"，在其下方的空白栏中输入置信度 95%，完成后点击"继续"返回。

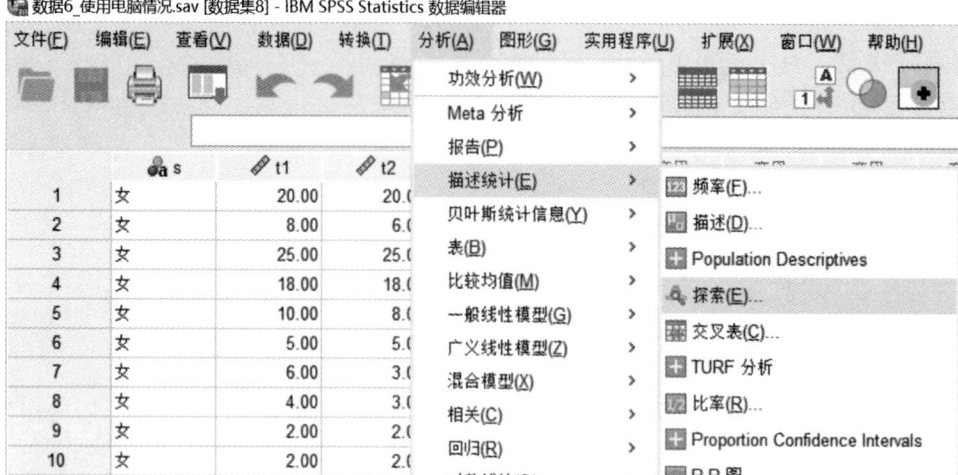

图 4-4 探索分析的找寻路径

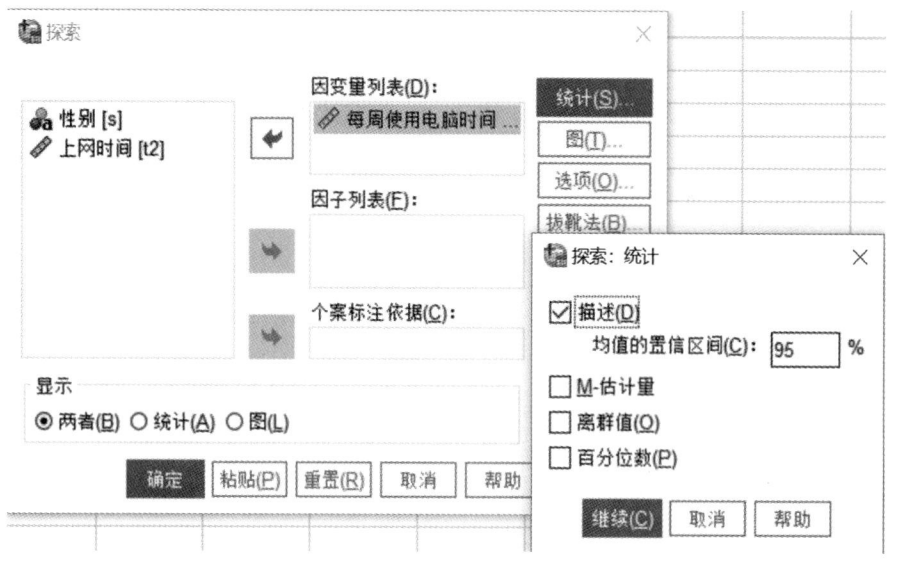

图 4-5 探索分析及统计选项对话框

在输出栏选择"统计",点击"确定",即可得到输出结果,这里只保留需要的结果,如表 4-1 所示。

表 4-1 描述统计

			统计	标准误
每周使用电脑时间	平均值		11.8400	0.73467
	平均值的 95% 置信区间	下限	10.3823	
		上限	13.2977	

表 4-1 中，加粗数据即我们所得到的估计结果：
（1）在校本科生每周电脑平均使用时间是 11.84 时。
（2）在校本科生每周电脑平均使用时间的 95% 置信区间是 10.38～13.30 时。
表 4-1 中还有其他一些统计量，已经在数据的可视化分析中所提到，此处不再赘述。

4.2 两正态总体均值差的估计

在例 4-1 中，调查问卷有性别信息，如果将男生和女生看作两个总体，我们还可以进一步对男生、女生每周电脑使用时间的差别估计出来。这就是本节要讨论的两正态总体均值差的估计。

4.2.1 两个独立正态分布总体均值差 $\mu_1-\mu_2$ 的估计

假定有两个正态总体 $N(\mu_1, \sigma_1^2)$ 和 $N(\mu_2, \sigma_2^2)$，从第一个总体 $N(\mu_1, \sigma_1^2)$ 中抽取容量为 m 的简单随机样本 $X_1, X_2, \cdots, X_m$，从第二个总体 $N(\mu_1, \sigma_1^2)$ 中抽取容量为 n 的简单随机样本 $Y_1, Y_2, \cdots, Y_n$，样本之间都是独立的，我们希望做的就是根据这两个样本给出 $\mu_1-\mu_2$ 的估计。

点估计直接用 $\overline{X}-\overline{Y}$，而区间估计是在 $\overline{X}-\overline{Y}$ 的基础上左右浮动去构造区间，具体公式要复杂得多，这里不要求大家去死记相关公式。下面结合例题说明如何用 SPSS 软件来实现 $\mu_1-\mu_2$ 的估计。

【例 4-2】利用"数据 6_使用电脑情况.sav"中反映的调查问卷数据，估计男生和女生每周使用电脑的时间差。

▶ 问题分析

将男生看作总体 $N(\mu_1, \sigma_1^2)$，女生看作总体 $N(\mu_2, \sigma_2^2)$，男生、女生中各抽取了 50 个样本，我们的目的是解决以下问题：
给出 $\mu_1-\mu_2$ 的点估计和区间估计。

▶ 实现过程和结果阐述

在 SPSS 软件中打开数据文件，在"分析"下拉菜单依次选择"比较均值"→"独立样本 t 检验"，如图 4-6 所示。

在系统弹出的独立样本 t 检验对话框（见图 4-7）中，将"每周使用电脑时间"选入"检验变量"栏中，"性别"选入"分组变量"栏中，点击下方的定义组，按照图示给出两个总体的分组标签。

图 4-6　估计均值差的选择路径

图 4-7　独立样本 t 检验对话框

返回后点击"确定",即可得到输出结果,如表 4-2 和表 4-3 所示(此处只保留了与置信区间有关的表格内容)。

表 4-2　组统计[①]

	性别	个案数	平均值	标准偏差	标准误差
每周使用电脑时间	男	50	14.2800	7.78549	1.10103
	女	50	9.4000	6.02376	.85189

---

① 表中的"标准偏差"就是样本标准差,定义式 $S = \sqrt{\dfrac{1}{n-1}\sum\limits_{i=1}^{n}(x_i - \bar{x})^2}$,标准误差定义式 $S.E. = S/\sqrt{n}$。

表 4-3 独立样本检验

		莱文方差等同性检验		差值95%置信区间	
		F	显著性	下限	上限
每周使用电脑时间	假定等方差	5.182	0.025	2.11739	7.64261
	不假定等方差			2.11521	7.64479

表 4-2 给出的是点估计结果，即男生和女生每周使用电脑时间的差别的估计是 $14.28-9.40=4.88$ 时。

表 4-3 给出的是男生、女生每周使用电脑时间的差别的区间估计。需要说明的是，这里用到了第 5 章关于假设检验的知识。对于男生和女生两个总体，首先看"显著性"对应的数值，如果其值 $\geqslant 0.05$，就认为方差 $\sigma_1^2=\sigma_2^2$，即满足方差齐性，用表 4-3 中加灰的第一行来给出均值差的 95%置信区间；否则，就用第二行的结果。

显然，表 4-3 中显著性是 0.025，不满足方差齐性，直接看第二行的结果，即男生和女生每周使用电脑时间差别的 95%置信区间是 2.115 2～7.644 8 时。

在表 4-3 中还发现，两行的置信区间下限、上限都差别不大，实际问题中这点差异完全可以忽略。这是因为在前计算机时代，为了尽可能方便计算，这类问题先考察两个总体方差是否相等，若相等，公式可以简化一些，若不相等，公式相对复杂。但在当今计算机时代，这两种计算的复杂度差别不大，所以也可以不用看方差齐性的检验结果，直接用第二行的检验结果即可。

4.2.2　配对正态分布总体均值差 $\mu_D=\mu_1-\mu_2$ 的估计

在现实问题中，还有一种情况：两个正态总体是配对的（Paired），相应的样本就称为配对样本。例如，进行系统体育锻炼前后的肺活量比较、某种疾病治疗前后的指标比较、早晨和晚上的身高比较等。

【例 4-3】对在校大学生组织为期一个学期的体育锻炼计划，从中任意选取 45 个学生作为样本，分别在开学初、学期末测试了其肺活量（见"数据 7_肺活量.sav"），图 4-8 展示的是数据文件截图。

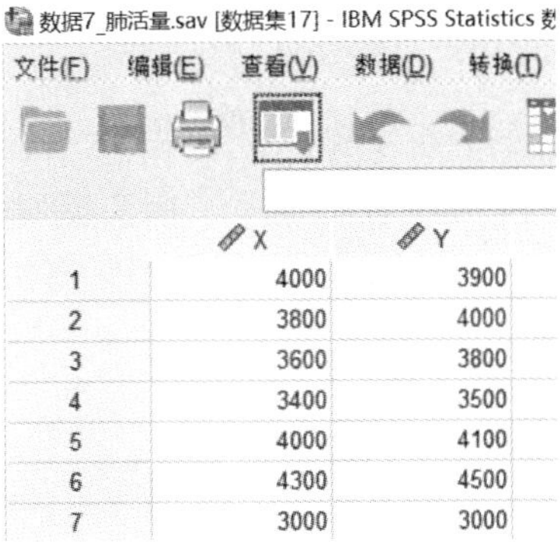

图 4-8　数据文件截图

> 问题分析

这样一个问题中,我们的目的是评判这个体育锻炼计划的效果。可以将学生在参加体育锻炼之后的肺活量看作总体 X,学生参加体育锻炼之前的肺活量看作总体 Y,对于每一个学生而言,这两个肺活量数据都是成对出现的。每个学生锻炼后的肺活量只有和自己锻炼前的肺活量相比才有意义。因此,这里不能用前面关于两个独立样本的方法来完成统计分析。

如果用 (X_i, Y_i) 表示第 i 个样本,记 $D_i = X_i - Y_i$ 代表该样本锻炼前后的差异。若 $D_i \sim N(\mu_D, \sigma^2)$,那么可以将关于 μ_D 的估计问题归结为单正态总体的均值估计问题,即估计 μ_D,即参加体育锻炼计划前和完成后的肺活量差异。

> 实现过程和结果阐述

利用 SPSS 软件的计算变量,定义并计算差值变量 $D = X - Y$,并利用 Q-Q 图来验证得到的样本差值数据能否用正态分布来描述,如图 4-9 所示。

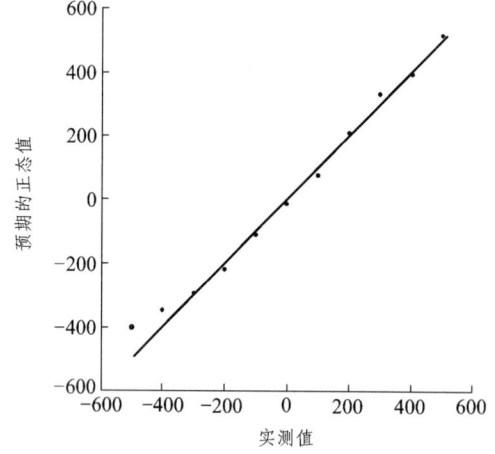

图 4-9 锻炼前后肺活量数据的 Q-Q 图

根据图 4-9 可以看到,数据点基本在黑色直线附近,关于样本差值数据的正态分布描述是合理的。

按照单正态总体参数估计的分析步骤,利用 SPSS 软件中描述性统计的探索分析模块,如图 4-10 所示,将计算的差值变量 D 选入"因变量列表",点击对话框右侧"统计"按钮,在弹出的对话框中选择"描述",并输入置信度 95%,点击"继续"按钮返回。

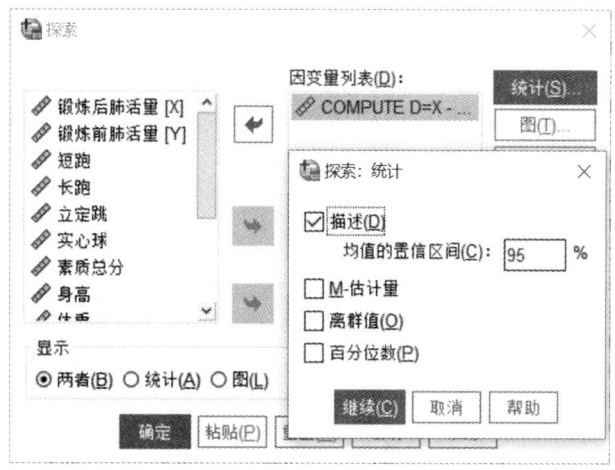

图 4-10 探索分析对话框

在探索分析对话框中点击"确定",即可得到输出结果,这里只保留了我们所想要的结果,如表 4-4 所示。

表 4-4 μ_D 的点估计和区间估计

			统计	标准误差
COMPUTE D=X-Y	平均值		11.1111	34.11540
	平均值的95%置信区间	下限	−57.6440	
		上限	79.8662	

根据表 4-4 中的结果,大学生锻炼后与锻炼前的肺活量差异平均为 11 mL,95%置信区间是 (−57.644 0,79.866 2)。

4.3 总体比例 p 的估计

在抽样调查中,总体比例也是我们经常关注的目标量。例如,想要了解在校大学生的月平均生活费在 2 000 元以上的比例,在线教学中直播平台第一选择为腾讯课堂的比例等等。

【例 4-4】想要了解在校大学生的日常消费是否有计划性,在学生中做了一个抽样调查(有效样本 n=409 个),问题如下:

日常生活中,您的个人消费状态为(   )。

A. 提前做好计划　　　B. 偶尔做计划　　　C. 不做计划

问题分析

我们的目的是了解学生对日常消费具有明确计划性的占比,即对能够提前做好计划消费的学生比例 p 给出点估计,以及 90%置信区间。

这个问题就是统计样本中选择 A 选项的人数 k,用 k/n 来估计 p,属于统计推断中的点估计问题。进一步，以第 3 章中样本比例的分布作为理论基础，还可以给出需要的置信区间。此处理论推导的相关内容略去，如果感兴趣可以参考数理统计的相关教材。以下介绍如何利用 SPSS 软件完成相应的计算和分析。

实现过程和结果阐述

在建立的 SPSS 数据文件"数据 8_学生消费习惯.sav"中，该选项对应的变量是字符型的。我们的目的是估计学生对日常消费能提前做好计划的这部分学生比例，所以先利用 SPSS 软件的数据编辑器中"转换"模块下拉菜单中的"对个案中的值进行计数"这一功能，将该题目问卷回答中"提前做好计划"的人数统计出来，具体操作如图 4-11 所示，点击"定义值"按钮完成相应赋值。

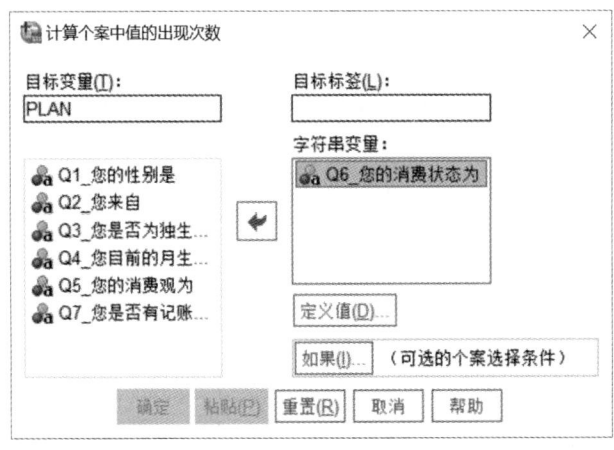

图 4-11 计算个案中值的出现次数对话框

完成赋值后的变量记为 PLAN，为 0-1 变量，选项"提前做好计划"的取值为 1，否则为 0；然后再利用 SPSS 软件的"描述统计"中的探索分析，如图 4-12 所示，将变量 PLAN 选入"因变量列表"栏中。

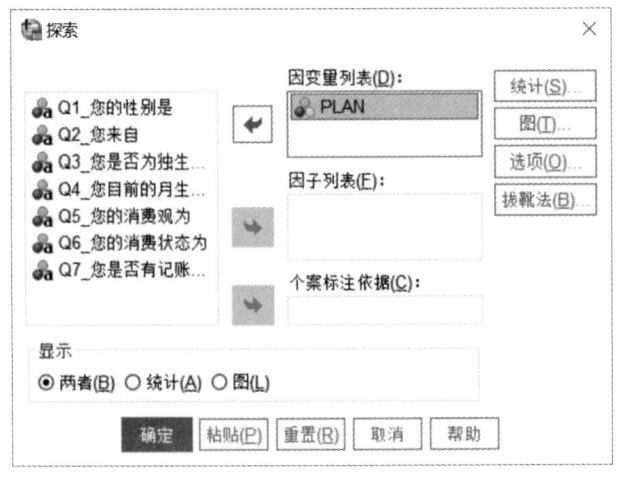

图 4-12 探索分析对话框

点击"确定"按钮，即可得到输出结果，如表 4-5 所示（此处只保留我们需要的内容）。

表 4-5　p 的点估计和区间估计

			统计	标准错误
PLAN	平均值		.29	.022
	平均值的 90% 置信区间	下限	.25	
		上限	.32	

至此，可以得到如下结论：在校学生中有 29% 的学生对日常消费能够提前做好计划，相应的 90% 置信区间是 25%～32%，这一结论有助于我们更好地了解学生消费习惯。

4.4　样本量的确定*

在区间估计时，对于目标量的估计，在样本容量不变的条件下可靠性要求和精度要求是此消彼长的关系。所以，抽样调查中，我们也可以根据精度要求来确定样本容量。这也是抽样调查中的典型问题。下面通过例子来说明。

【例 4-5】某传媒公司需要调查某电视节目收视率 p，最终是将实际调查对象中收看此节目的频率作为 p 的估计 $\hat{p}$。若要求以 95% 的把握，保证估计值 $\hat{p}$ 与真实值 p 之间的偏差在 1% 以内，至少需要调查多少人？

问题分析

首先明确一点，这个问题不能通过 SPSS 软件直接得到，以下只给出主要推算过程，理论推导不再详细介绍。

这是关于两点分布参数 p 的置信区间描述，题目中的 1% 也称绝对误差。根据总体比例 $1-\alpha$ 置信区间的正态近似公式，可以由下面的不等式来推算样本容量 n：

$$n \geq \left(\frac{z_{\alpha/2}}{2d_0}\right)^2 \tag{4-1}$$

其中，d_0 表示绝对误差，$z_{\alpha/2}$ 是标准正态分布的上分位点，即若 $X \sim N(0, 1)$，则满足 $P\{X > z_\alpha\} = \alpha$ 的 z_α 称为标准正态分布的 α 上分位点。图 4-13（a）和图 4-13（b）分别表示标准正态分布的 0.025 上分位点 $z_{0.025} = 1.96$、0.05 上分位点 $z_{0.05} = 1.645$。

＊ 这一部分可以作为选讲内容。

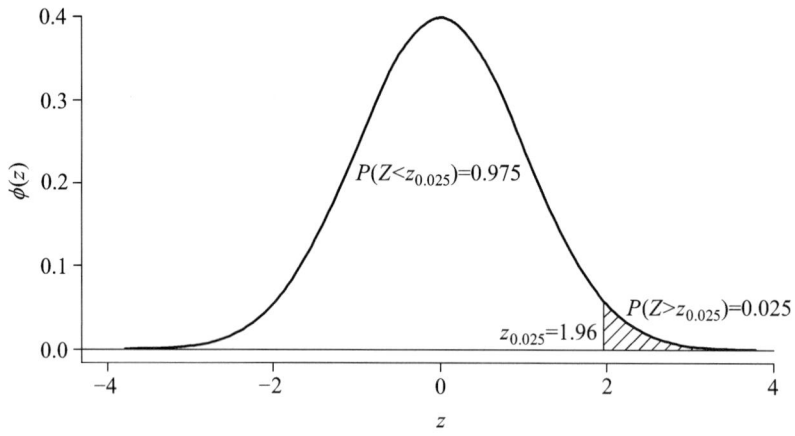

（a）标准正态分布的 0.025 上分位点

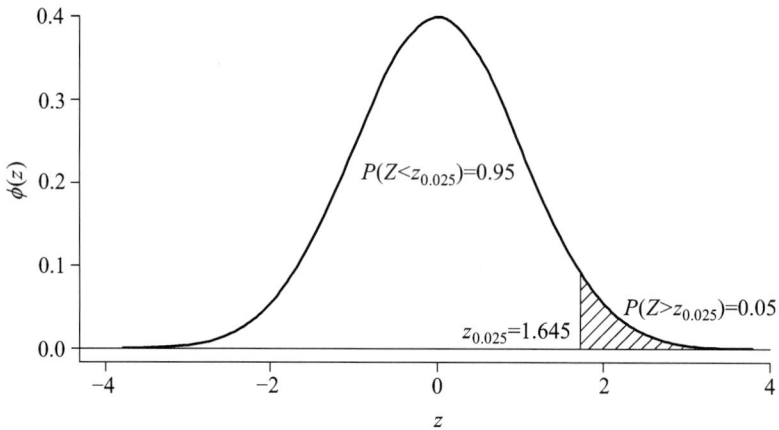

（b）标准正态分布的 0.05 上分位点

图 4-13　标准正态分布的上分位点示意图

例 4-5 中，绝对误差 $d_0=0.01$，$1-\alpha=0.95$，$z_{0.025}=1.96$，代入公式（4-1）有

$$n \geq \left(\frac{z_{\alpha/2}}{2d_0}\right)^2 = \left(\frac{z_{0.025}}{2d_0}\right)^2 = \left(\frac{1.96}{0.02}\right)^2 = 9\,604 \qquad (4\text{-}2)$$

结果表明，至少需要调查 9 604 个用户，才能以 95% 的把握保证所得到的比例估计值 $\hat{p}$ 与真实值 p 之间的偏差在 1% 以内。

如果绝对误差取 $d_0=0.02$，置信水平不变，仍然取 $1-\alpha=0.95$，$z_{0.025}=1.96$，代入公式（4-2）有

$$n \geq \left(\frac{z_{\alpha/2}}{2d_0}\right)^2 = \left(\frac{z_{0.025}}{2d_0}\right)^2 = \left(\frac{1.96}{0.04}\right)^2 = 2\,401$$

可以看到，在绝对误差增大之后，样本量的取值减少到 2 401，也就是说，在置信水平不变的前提下，我们想缩小绝对误差，只有通过提高样本量来实现；而且，绝对误差

从 0.02 降低到 0.01，需要的样本代价是 7 203 个。在现实问题中，我们要根据具体情况来判断这个代价是否值得。

需要注意的是，现实问题的抽样中需要考虑到无效问卷的情况，所以真实抽样时还要考虑有效问卷的回收比例来确定样本容量。

5 总体参数的假设检验

估计和假设检验是统计推断中的两个基本问题，第 4 章中结合实际问题给出了点估计与区间估计的直观思想和相互之间的联系，尤其是如何利用 SPSS 软件完成估计结果的计算，以及对结果的详细解读。

本章要讨论的假设检验又是什么问题呢？假设某商场做了一个抽奖活动，并且告诉顾客中奖率达到 20%，而我们现场观察发现，有 50 人来抽奖，结果只有 2 人中奖，那我们对于这个 20% 中奖率还会相信吗？

在奖券很多的情况下，可以将 50 次抽奖的中奖次数用二项分布 $B(50, p)$ 来描述。根据商场所说的中奖率达到 20%，即 $p = 0.2$，计算可得 50 次抽奖仅有 2 人中奖的概率是 0.001 092 737，这么小概率的事件发生在眼前，会让我们对这个 20% 的中奖率表示深深的怀疑。这就是假设检验的一次真实应用。

本章的主要目的是了解现实中的假设检验问题是如何抽象提炼，以及问题解决的基本思想和实现过程。具体包括以下内容：

（1）假设检验的基本思想；
（2）单正态总体参数的检验；
（3）两正态总体参数的检验；
（4）总体比例 p 的检验。

5.1 假设检验的基本思想

假设检验的处理过程有着顺理成章的逻辑思维，以下结合实例来说明假设检验问题的提出以及解决问题的思路和实现过程。

【例 5-1】某厂家生产的巧克力，包装袋上标示的重量是"100 g"，随机选了 20 袋巧克力，样本均值是 98.62 g，这个结果让我们对厂家标示的重量"100 g"表示怀疑。

▸ 问题分析

该问题可以描述为：

根据样本信息（即这 20 袋巧克力的实际重量）来检验该厂家的巧克力包装是否存在

缺斤短两的问题?

> **实现过程和结果阐述**

我们将关注的焦点——每袋巧克力重量 100 g,记作原假设(Null Hypothesis),通常用 H_0 表示;重量小于 100 g 作为对立假设,称为备择假设(Alternative Hypothesis),用 H_1 表示。

上述问题的原假设和备择假设为

$$H_0: \mu = 100 \leftrightarrow H_1: \mu < 100^{①}$$

对于这两个假设,自然的考虑是以 100 为参照标准,如果样本均值比 100 小得多,我们就倾向选择 H_1,认为包装重量本身是低于 100 g 的。

这个解决问题的思路有两个关键点:

(1)这种判断总是无法避免的风险,即两种误判;
(2)判断的依据——样本均值取何值才算是比 100 小得多呢。

第一个关键点,意味着统计学本身的特点:统计推断没有百分百的准确!样本来自总体,但抽样总是无法避免抽到那些极端样本(在我们眼里所有样本都是同等地位),这就会导致有可能会出现图 5-1 中两种类型的误判。

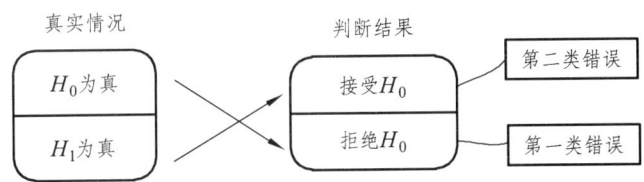

图 5-1 假设检验的两类错误

以这个巧克力包装问题来说,这两种误判对应的是两种情况:

(1)巧克力的包装重量就是以"100 g"为标准,但很不幸,我们这次抽取的 20 个样本中恰巧有多数是在重量偏轻的极少数里。这就会导致我们认为所有这种同一规格的巧克力标准包装重量偏低,没有达到"100 g"。显然,这是一种误判,统计学中称之为第一类错误(Type I Error),或者拒真。

(2)巧克力的包装重量本身就低于"100 g"的标识,比如说以"98 g"为标准,但大批生产的过程中,真实包装重量达到"100 g"的也会有很多,而我们抽样的时候恰好抽到的就是这些产品。显然,看到这样的样品,我们是开心的,自然会倾向认同整批产品都是这样的,即相信巧克力的包装重量就是以"100 g"为标准。自然,这也是一种误判,统计学中称之为第二类错误(Type II Error),或者采伪。

需要正视的是,这两种误判都是统计推断中无法避免的风险。我们可以用概率统计的理论来计算风险的大小,但无法消除风险!

回到第二个关键点,如果将判断准则用数学语言描述,即

---

① 这种形式也称为单边假设。双边假设的结构为 $H_0: \mu = \mu_0 \leftrightarrow H_1: \mu \neq \mu_0$。

（1）若 $100-\bar{x} \geqslant c$，或 $\bar{x} \leqslant 100-c$（这里 c 是一个大于 0 的常数），认为 H_0 不可信，判断结果为包装重量低于 100 g；

（2）若 $100-\bar{x} < c$，或 $\bar{x} > 100-c$，则认为 H_0 是可信的，包装重量就是 100 g。

决定判断准则的临界点 c 该如何确定？所谓显著性检验（Significant Hypothesis Testing），其思想是反推，即给定犯第一类错误的概率上限 α，根据这个限制来得到 c 的具体取值。这里的 α 称为显著性水平（Level of Significance），通常根据实际问题来确定，常用的显著性水平为 0.05，0.01 等。巧克力包装问题中，若给定显著性水平 $\alpha=0.05$，则可以推导出 $c=0.6533$，即如果样本均值 $\bar{X}$ 的结果没有超过 $100-0.6533=99.3467$ g，就认为与标准重量 100 g 相差太多，有缺斤短两之嫌疑；否则，认为包装重量的确是以 100 g 为标准。

利用统计软件完成假设检验，会直接给出 p 值，即 SPSS 软件输出结果中的 Sig.值①。如例 5-2 中，Sig.=0.002②，意味着如果以样本观测数据来确定 c，即 $c=100-\bar{x}=100-98.6205=1.3795$，那么我们依照这个临界标准进行判断，出现第一类错误的风险是 $\frac{1}{2}$Sig.$=0.001=1$‰，这是对判断准则本身的一个评价③。

显著性水平的理解和前面置信度是相通的。因为原假设 H_0 或真或假都是客观存在的，当我们获得样本数据依据给定的判断准则做出选择之后，结果就只可能是"选对"或"选错"其中之一。所以，显著性水平可以理解为重复使用这个判断准则所承担的第一类误判风险。需要注意的是，显著性检验没有考虑第二类误判的风险，这里不再赘述。

根据上述分析，我们也可以认识到，对于显著性水平的确定，一般要和实际问题中误判风险所造成的影响相联系。

5.2 单正态总体均值的显著性检验

正态总体在产品检验、测量误差等问题中经常遇到，下面仍然以例 5-1 的巧克力包装问题展开单正态总体参数显著性检验的问题提出和解决。

【例 5-2】（接例 5-1）某厂家生产的巧克力，包装袋上标示的重量是"100 g"，随机选取了 20 袋巧克力，实际重量（单位：g）如下：

101.54	99.66	99.91	98.17	97.40	98.17	98.79
98.71	100.92	99.07	98.49	97.04	95.52	100.73
97.52	98.86	97.81	99.18	100.11	94.81	

得到数据文件"数据9_巧克力重量.sav"。

---

① 具体的 SPSS 软件操作过程，后面会有详细介绍。
② 软件中给出的 Sig.值对应的是双边假设，而例 5-2 是单边假设的显著性检验，所以后面第一类错误的风险计算做了相应处理。
③ 前面给定 α 来计算 c，这里给定 c 来计算 α，两个问题的处理都需要相应的概率论和数理统计的理论基础，可以参见相关教材，此处不再给出详细推导。

问题分析

厂家的包装是否缺斤短两？

如果巧克力的包装重量可以看作是正态分布 $N(\mu, \sigma^2)$，如前所述，这个问题就是如下单边假设

$$H_0 : \mu = 100 \leftrightarrow H_1 : \mu < 100$$

的显著性检验问题。

实现过程和结果阐述

可以利用 SPSS 软件的 Q-Q 图，判断样本是否来自正态总体，如图 5-2 所示。

图 5-2　Q-Q 图

根据之前讲述的 Q-Q 图使用，图 5-2 中这些黑点基本都在参照线附近，所以我们可以用正态分布 $N(\mu, \sigma^2)$ 来描述巧克力的包装重量，其中参数 μ 和 σ^2 都未知。

对于总体期望 μ 的显著性检验，可以利用 SPSS 软件的单样本 t 检验来完成。首先在 SPSS 软件中打开相应的数据文件，然后在分析菜单栏依次选择"比较均值"→"单样本 t 检验"，如图 5-3 所示。

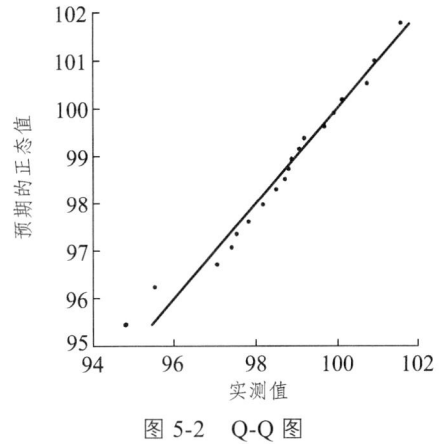

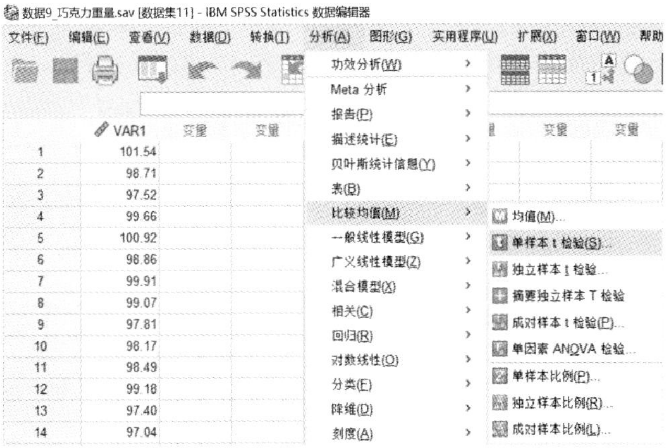

图 5-3　单样本 t 检验的找寻路径

在弹出的单样本 t 检验对话框（见图 5-4）中，将要分析的数据变量"巧克力包装重量"选入"检验变量"栏中。

图 5-4　单样本 t 检验对话框

在单样本 t 检验对话框中的"检验值"这一栏，输入原假设 H_0 的"100"，这就是我们检验时的比对标准。点击对话框右侧第一个"选项"按钮，会弹出选项对话框（见图 5-5）。

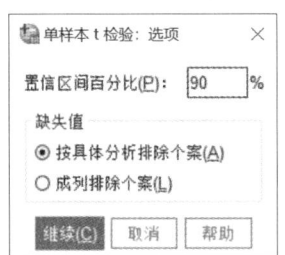

图 5-5　单样本 t 检验的选项对话框

需要注意的是，"置信区间百分比"就是置信水平或置信度 $1-\alpha$（此处输入的是 90%），相应的假设检验的显著性水平即 α（这里是 10%）。点击"继续"，返回单样本 t 检验对话框，点击"确定"按钮，输出文档中即可得到表 5-1 所示的结果。

表 5-1　单样本检验

	检验值=100					
	t	自由度	Sig.（双尾）	平均值差值	差值90%置信区间	
					下限	上限
巧克力包装重量（g）	−3.651	19	.002[①]	−1.37950	−2.0328	−.7262

---

① 这里的 Sig.值为 $P\{|T| \geqslant 3.651\} = 0.002$。

这里用到的是 t 检验统计量，其样本观测值为-3.651，表中的 Sig.值已经注明是"双尾"，即对应双边假设给出的显著性水平。而本例题考察的是单边假设，因此相应的显著性水平为 Sig.=0.001（<0.05），在给定 $\alpha = 0.05$ 的情况下，可以拒绝原假设 H_0，认为这一批巧克力并没有按照标示"100g"包装。

实际上，只要最终结果给出的 Sig.≤α，就可以在显著性水平为 α 的条件下拒绝原假设；反之，若 Sig.>α，则不能拒绝原假设。

下面再看一个双边假设的显著性检验问题。

【例 5-3】 某工厂生产一批钢材，按照要求钢材强度要服从正态分布 $N(\mu, \sigma^2)$，现从中抽取 15 件，测得数据（单位：kg/cm）（数据 10_钢材强度.sav）如下：

48.5　49.0　52.7　49.5　50.7　53.1　52.2　52.3　50.8　53.1
51.7　49.9　53.2　50.9　51.3

能否认为这批钢材的平均强度是 52 kg/cm 呢？

问题分析

这是一个典型的假设检验问题，原假设和备择假设为

$$H_0: \mu = 52 \leftrightarrow H_1: \mu \neq 52$$

实现过程和结果阐述

第一步：利用 SPSS 软件的 Q-Q 图，可以判断样本是来自正态总体的。这一环节留给大家自己完成。

第二步：在"分析"下拉菜单依次选择"比较均值"→"单样本 t 检验"，如图 5-6 所示。

图 5-6　单样本 t 检验对话框

在单样本 t 检验对话框中，完成相应的变量选择以及检验值的输入，最终在输出文档里得到检验结果（见表 5-2）。

表 5-2 样本检验

	检验值=52					
	t	自由度	Sig.（双尾）	平均值差值	差值95%置信区间	
					下限	上限
钢材强度（kg/cm）	−1.864	14	.083	−.7400	−1.591	.111

表 5-2 中的 Sig.值是 0.083（>0.05），可以认为这一批钢材的平均强度就是要求的 52 kg/cm。

5.3 两正态总体的均值比较

5.3.1 两个独立正态总体的均值比较

在实际中，经常会遇到两个独立正态总体的情况下，对其均值是否存在差异进行比较的问题。例如，比较两所高校的在校大学生月生活费平均水平是否相同。如果将在校大学生月生活费用正态分布来描述，这个问题就可以表述为"两正态总体均值是否相等的显著性检验"。

怎么做呢？

我们的做法是分别从两所高校中随机抽取在校大学生作为样本进行调查，得到这些样本的观测数据，通过对两所学校在校大学生的样本均值进行比较，来做出最终的判断。下面就以此作为例进行解释。

【例 5-4】从 A、B 两所高校中分别抽取在校大学生调查其月生活费，其中高校 A 中抽取样本 60 名，高校 B 中抽取样本 70 名，数据文件见"数据 11_高校生活费.sav"。

▶ 问题分析

比较两所高校在校大学生月生活费平均水平是否相同。

高校 A 的在校大学生月生活费用正态总体 $N(\mu_1, \sigma_1^2)$，高校 B 的在校大学生月生活费用正态总体 $N(\mu_2, \sigma_2^2)$，该问题可以抽象为统计学中的假设检验问题。具体的原假设和备择假设为

$$H_0: \mu_1 = \mu_2 \leftrightarrow H_1: \mu_1 \neq \mu_2$$

▶ 实现过程和结果阐述

数据文件的建立需要按照如下结构（见图 5-7、图 5-8）进行。

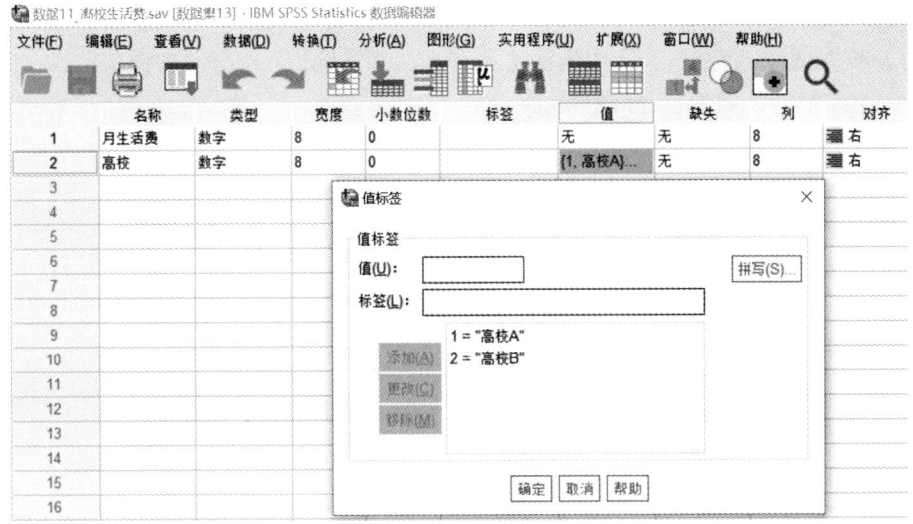

图 5-7　数据文件的变量视图

图 5-8　数据文件的数据视图

从图 5-7 和图 5-8 可以看出，数据文件中定义了两个变量：一个变量对应调查对象（样本）的观测值；另一个变量对应该调查对象（样本）所属高校。这里，"1"对应"高校 A"，

"2"对应"高校 B"。

打开数据文件"数据 11_高校生活费.sav",在"分析"下拉菜单中依次选择"比较均值"→"独立样本 t 检验",如图 5-9 所示。

图 5-9 独立样本 t 检验的找寻路径

弹出独立样本 t 检验对话框(见图 5-10),将变量"月生活费"选入"检验变量"栏,将"高校"选入"分组变量"栏。

图 5-10 独立样本 t 检验对话框

分别点击"定义组"和"选项"按钮,弹出相应对话框,如图 5-11 和图 5-12 所示。

定义组对话框用于定义需要比较的组别。对话框中,"使用指定的值"需分别输入两个值,每个值代表一个总体,本例的数据文件中分组变量是"高校",变量取值"1"和"2";"分割点"则是针对分组变量是连续变量时,输入一个数字作为分割点,大于等于该数值的为一个总体,小于该数值的为另一个总体。

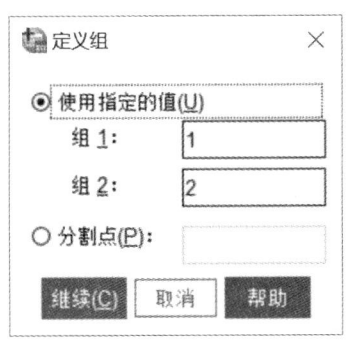

图 5-11　定义组对话框

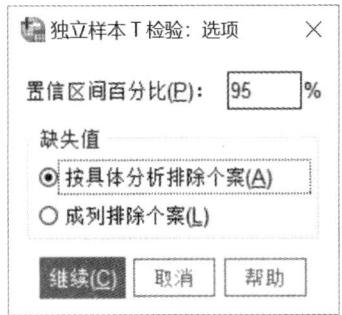

图 5-12　选项对话框

选项对话框中，"置信区间百分比"就是置信水平，本例中输入的是 95%，分析结果中会给出相应的置信区间；"缺失值"的两个选项分别对应不同的缺失值处理方式，其中"按具体分析排除个案"是指在分析时，检验变量中含有缺失值的将不被计算，"成列排除个案"是指只要变量有缺失值，则该个案（即样本）就不计算。

分析结果以"组统计"和"独立样本检验"两个表格（见表 5-3、表 5-4）的形式在结果输出窗口呈现。

表 5-3　组统计[①]

	高校	样本量	样本均值	样本标准差	标准误差
月生活费	高校 A	60	1662.82	18.779	2.424
	高校 B	70	1493.49	18.578	2.221

表 5-3 列出了"高校 A"和"高校 B"两个组的样本量、均值、样本标准差、标准误差[②]。本例中两个总体的样本量不同，高校 A 的 60 个学生的平均月生活费是 1 662.82 元，高校 B 的 70 个学生的平均月生活费是 1 493.49 元。直观上看，这两个平均值有着明显的差异，进一步，我们从统计学的角度来分析这个差异的显著性。

表 5-4　独立样本检验

		Levene 方差等同性检验		平均值等同性 t 检验						
		F	显著性	t	自由度	Sig.（双尾）	平均值差值	标准误差差值	差值 95%置信区间	
									下限	上限
月生活费	假定等方差	.002	.966	51.549	128	<.001	169.331	3.285	162.831	175.831
	不假定等方差			51.506	124.558	<.001	169.331	3.288	162.824	175.838

表 5-4 列出了独立样本 t 检验的结果，并给出了方差齐性检验。其中，Levene 检验统计量的样本观测值是 0.002，显著性水平为 0.966>0.05，可以认为方差相等。所以，后面只需看"假定等方差"这一行的结果即可，检验统计量 t 值是 51.549，显著性 Sig.<0.001，

---

① 表 5-3 中统计量的名称已经替换为规范的统计专业名词。
② 具体定义式可以参见 4.2 节表 4-2 的脚注。

也就是说如果根据该样本数据所提供的信息推翻原假设，出错的风险低于 1‰，因此我们认为高校 A 和高校 B 的在校大学生月生活费存在显著的差别。

进一步，两所高校的在校大学生月生活费之间相差大概 169.331 元，置信度为 95% 的置信区间是 162.831 ~ 175.831 元。

5.3.2 配对样本的正态总体均值比较

在第 4 章中，讨论了配对正态总体的情况下，可以利用配对样本对总体均值差进行估计。相应的，我们接续第 4 章中的例 4-3 对均值比较展开分析。

【例 5-5】（接例 4-3） 对在校大学生组织为期一个学期的体育锻炼计划，从中任意选取 45 个学生作为样本，分别在开学初、学期末测试了其肺活量（见"数据 7_肺活量.sav"）。

> 问题分析

我们的目的是判断这个体育锻炼计划的作用，所以问题如下：
比较锻炼计划执行前后的肺活量水平是否有差异。
用 (X_i, Y_i) 表示第 i 个样本，记 $D_i = X_i - Y_i$ 代表该样本锻炼前后的差异。若 $D_i \sim N(\mu_D, \sigma^2)$，上述问题就是正态总体均值的假设检验，相应的原假设和备择假设为

$$H_0: \mu_D = 0 \leftrightarrow H_1: \mu_D \neq 0$$

> 实现过程和结果阐述

打开数据文件"数据 7_肺活量.sav"，因为在第 4 章中已经利用 Q-Q 图进行了正态性检验，这里不再重复。在"分析"下拉菜单依次选择"比较均值"→"成对样本 t 检验"，如图 5-13 所示。

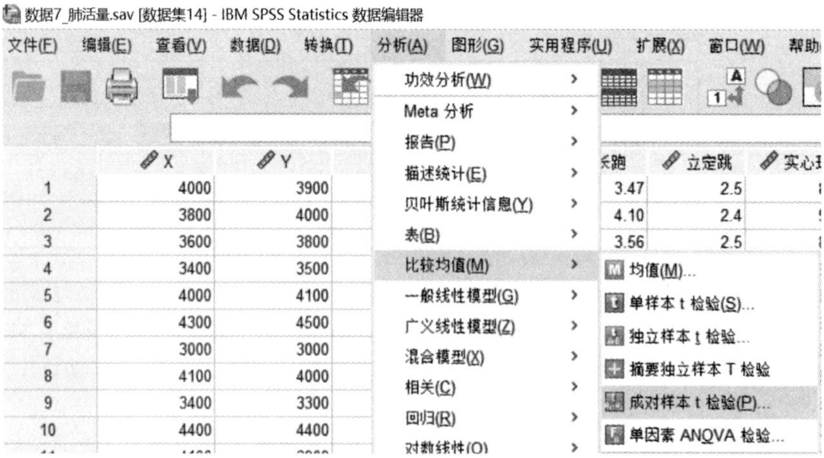

图 5-13 成对样本 t 检验的找寻路径

弹出成对样本 t 检验对话框（见图 5-14），将"锻炼后肺活量"即变量 X、"锻炼前肺活量"即变量 Y，分别选入"配对变量"栏。

单击"选项"按钮，置信水平输入 95%，返回后单击"确定"按钮，即可在输出窗口得到分析结果（见表 5-5、表 5-6）。

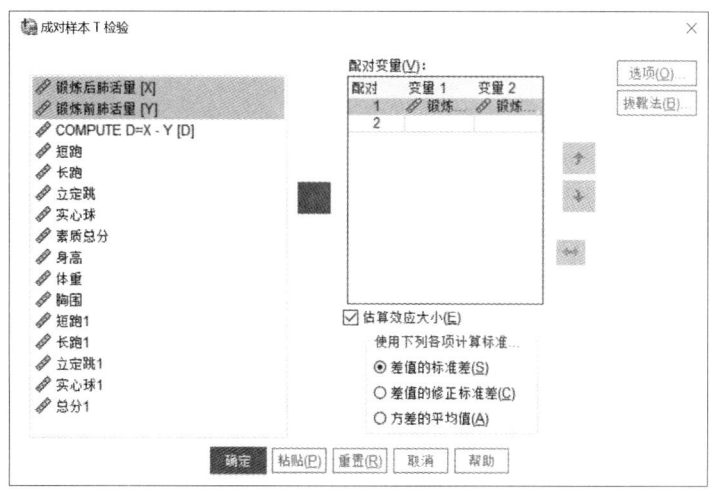

图 5-14　成对样本 t 检验对话框

表 5-5　配对样本统计

		平均值	个案数	标准差	标准误差
配对 1	锻炼后肺活量	3 877.78	45	459.193	68.453
	锻炼前肺活量	3 866.67	45	454.773	67.794

表 5-5 是配对样本的统计量，分别列出了锻炼前后肺活量的样本均值、样本量、样本标准差、标准误差。

可以看到，有 45 个学生被随机抽取作为样本，根据他们的观测数据，学生锻炼前的平均肺活量是 3 866.67 mL，锻炼后的平均肺活量是 3 877.78 mL，锻炼前后相差 11.11 mL，这个差异从统计学的角度来看能否忽略呢？

表 5-6　配对样本检验

		配对差值					t	自由度	Sig.（双尾）
		平均值	标准差	标准误差	差值 95%置信区间				
					下限	上限			
配对 1	锻炼后肺活量-锻炼前肺活量	11.111	228.853	34.115	-57.644	79.866	.326	44	.746

表 5-6 是配对样本 t 检验的分析结果。t 统计量的观测值是 0.326，显著性 Sig.=0.746，远大于我们通常选择的显著性水平 0.05，所以这个锻炼计划实施前与实施后对于肺活量的影响是不显著的。结合实际问题，可以进一步深究锻炼计划本身的制定有哪些侧重，是否需要调整等。这才是统计分析的目的和意义所在。

5.4 关于总体比例 p 的假设检验

抽样调查中经常会涉及总体比例的问题，例如在校大学生中参加公益活动的比例，坚持锻炼的比例，毕业后选择自主创业的比例等，这些都属于总体比例。显然，总体中每一个个体要么具有该特征，要么不具有。因此总体 X 服从 Bernoulli 分布，其分布律为

$$P\{X=k\}=p^{k}(1-p)^{1-k},\ k=0,1$$

其中，$p(0<p<1)$ 是未知参数。下面结合实例来介绍关于参数 p 的假设检验问题。

【例 5-6】面对形式多样的学科竞赛，在校大学生参与度是否达到了 25% 呢？为此，在大学生中做了一个抽样调查（有效样本 786 个），针对问卷数据建立数据文件"数据 12_大学生学习习惯调查.sav"[①]，我们的目的就是对参与学科竞赛的学生比例进行检验。

问题分析

检验在校大学生参与学科竞赛的比例是否达到了 25%，相应的原假设和备择假设为

$$H_0:\ p=25\%\ \leftrightarrow\ H_1:p<25\%$$

实现过程和结果阐述

对于这个问题，每个大学生要么参加了学科竞赛，要么没有参加，属于二分类的情况。调查的样本用数值 1 表示参加，数值 0 表示没有参加。根据概率论的知识，如果原假设 H_0 为真，则样本就是来自概率 $p=25\%$ 的二项分布。对此，SPSS 软件中有相应的二项分布检验模块，具体路径如图 5-15 所示。

图 5-15 二项分布检验的找寻路径

---

① 另附有其他问题可以作为练习数据。

在二项分布检验对话框（图 5-16）中，将描述竞赛参加情况的"学科竞赛"变量选入"检验变量列表"栏，"检验比例"就是要检验的总体比例①，此处输入 0.75，对应的是未参加学科竞赛的学生比例。

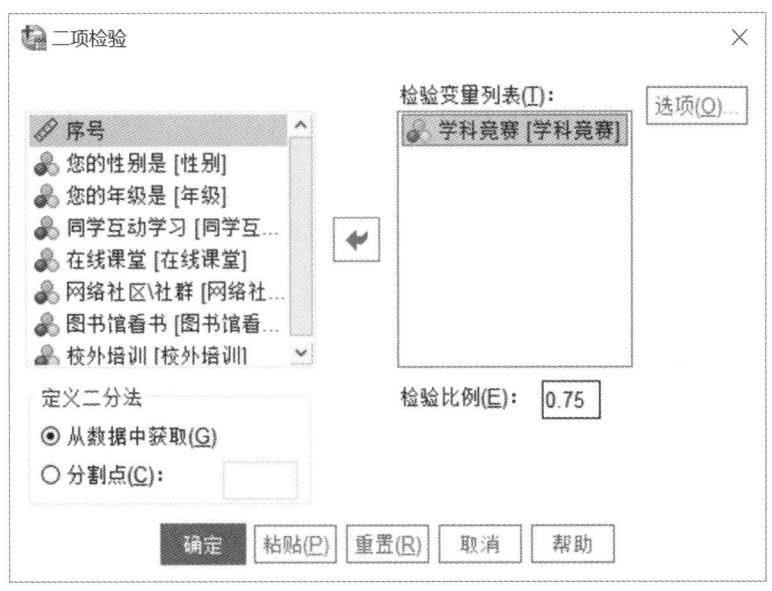

图 5-16　二项分布检验对话框

如果设定的变量超过两个取值时，选择图 5-16 中左下方"定义二分法"栏的"分割点"选项，并输入分割的界值。单击"确定"按钮，在输出界面得到分析结果，具体如表 5-7 所示。

表 5-7　二项分布检验

		类别	个案数	实测比例	检验比例	精确显著性（单尾）
学科竞赛	组 1	0	629	.80	.75	<.001
	组 2	1	157	.20		
	总计		786	1.00		

样本中有 80%的学生没有参加过学科竞赛，原假设中所对应的比例是 75%，单侧显著性 Sig.<0.001，小于通常所取的显著性水平 0.05，所以可以推断原假设不可信，即学生中参加学科竞赛的比例没有达到 25%。

进一步，我们还可以利用第 4 章的内容对在校大学生参加学科竞赛的比例给出估计，在"分析"下拉菜单栏依次选择"描述统计"→"探索"，将变量"学科竞赛"选入"因变量列表"栏，点击"确定"按钮，在输出窗口得到分析结果，如表 5-8 所示。

---

① 需要指出的是，变量赋值的大小顺序在这里是有区别的，赋值较小的"0"对应的未参加学科竞赛的学生比例是"检验比例"。

表 5-8　总体比例的点估计和区间估计

学科竞赛			统计	标准错误
	平均值		.20	.014
	平均值的95%置信区间	下限	.17	
		上限	.23	

根据调查结果，大约 20%的在校大学生在读书期间参加了学科竞赛；进一步，用区间估计的思想给出范围，即我们有 95%的把握可以用 17%~23%来估计参加学科竞赛的学生比例。

6 方差分析

实际问题中，利用两组样本数据对相应的总体均值进行比较时，可以采用第 5 章介绍的 t 检验。如果多于两个总体的均值比较，就要用到方差分析。方差分析（Analysis of Variance）是英国统计学家费歇尔（R. A. Fisher）于 20 世纪 20 年代初提出来的，最早应用于生物和农业试验方面，后来被广泛应用于其他研究领域。

例如，北京、上海、广州、深圳四个一线城市，入职 5 年以内的职场新人平均收入水平是否存在显著性差异呢？我们可以从这四个城市分别随机抽取 200 个职场新人了解其最近一年的平均月薪，就得到 800 个具体数据。我们的最终目的是通过这些数据来比较四个城市之间职场新人的收入水平并给出相应的结论。

为了描述方便，称城市为因子，记为 A，四个不同的城市就称为因子 A 的四个水平，记为 A_1，A_2，A_3，A_4，这里只考虑了一个因子，故称其为单因子方差分析。如果同时考虑性别的影响，问题就变成考虑城市和性别两个因子对收入水平的影响，即多因子方差分析。

方差分析的使用有三个基本假定：

（1）正态性：各组样本都是来自正态分布的总体；

（2）方差齐性：各总体的方差相等；

（3）独立性：所有样本都相互独立。

通常来说，样本的独立性取决于抽样方案的设计，这个是我们可以把握的；正态性这一条件对于方差分析的影响相对较弱，我们也可以选择替代方案"贡献率分析"，其分析思路和方法与方差分析基本一致；尤其是样本量较大时，即使不满足正态性，也可以用方差分析；对于"方差齐性"这个条件的要求较高，所以必须要先看方差齐性检验结果[1]，如果没有通过检验，可以采用非参数检验。

本章的目的是结合具体实例，通过梳理将问题提炼成统计学问题，再根据问题本身自然引出直观思想和 SPSS 软件完成分析的实现过程。具体包括以下内容：

（1）单因子方差分析。

（2）多因子方差分析：① 无重复试验的多因子方差分析；② 有重复试验的多因子方差分析。

---

[1] 具体过程在本章例题分析中有详细介绍。

6.1 单因子方差分析

方差分析的基本出发点是平方和分解，下面结合例题引入常用记号以及基本思想。

6.1.1 方差分析的基本思想

【例 6-1】在商品推销中有 5 种方案，某公司拟比较这 5 种方案有无显著的效果差异，设计了一项实验：从应聘且无实际推销经验的人中随机挑选了一部分人，将他们随机地分成 5 组，每一组只培训其中一种方案，培训相同的时间后观察他们在一个月内的推销成交额，数据如下（单位：千元）：

第一组	20.0	16.8	18.2	17.9	21.2	23.9	26.8	22.4
第二组	24.9	21.3	23.8	22.6	30.2	29.9	22.5	20.7
第三组	16.0	20.1	21.6	17.3	20.9	22.0	26.8	20.8
第四组	17.5	18.2	19.9	20.2	17.7	19.1	18.4	16.5
第五组	25.2	26.2	27.2	26.9	29.3	30.2	29.7	28.2

每一组对应的就是一种推销方案，所以推销方案（即组别）就是因子，共有 5 个水平，更一般地，记为 $A_1, A_2, \cdots, A_r$，本例中 $r=5$。$Y_{i1}, Y_{i2}, \cdots, Y_{im_i}$ 表示第 i 个水平下的 m_i 个样本，根据方差分析的三个基本假定，$Y_{i1}, Y_{i2}, \cdots, Y_{im_i}$ 是来自正态总体 $N(\mu_i, \sigma^2)$ 的简单随机样本。

我们的目的是比较总体均值是否存在显著差异，即检验假设

$$H_0: \mu_1 = \mu_2 = \cdots = \mu_r \leftrightarrow H_1: \mu_1, \mu_2, \cdots, \mu_r \text{ 不全相等}$$

解决问题的出发点是通过分析各水平下样本均值之间的差别，推断相应的总体均值之间是否存在显著差异。基本思想是将全部观测数据的总偏差平方和分解为因子平方和与误差平方和，如果组间平方和远远大于组内平方和，就有理由认为因子的不同水平之间存在着显著差异。

（1）总偏差平方和：

$$S_T = \sum_{i=1}^{r} \sum_{j=1}^{m_i} (Y_{ij} - \bar{Y})^2$$

（2）因子平方和，也称组间平方和：

$$S_A = \sum_{i=1}^{r} \sum_{j=1}^{m_i} (\bar{Y}_{i\cdot} - \bar{Y})^2 = \sum_{i=1}^{r} m_i (\bar{Y}_{i\cdot} - \bar{Y})^2$$

（3）误差平方和，也称组内平方和：

$$S_E = \sum_{i=1}^{r} \sum_{j=1}^{m_i} (Y_{ij} - \bar{Y}_{i\cdot})^2$$

以上数学表达式中的符号说明如下：

$n = \sum_{i=1}^{r} m_i$ ——样本总量；

$\bar{Y} = \frac{1}{n} \sum_{i=1}^{r} \sum_{j=1}^{m_i} Y_{ij}$ ——样本总平均；

$\bar{Y}_{i \cdot} = \frac{1}{m_i} \sum_{j=1}^{m_i} Y_{ij}$ ——水平 A_i 下的样本均值。

根据数学表达式，S_A 表示水平 A_i 下的样本均值与总平均之间的差异，而 S_E 则是在水平 A_i 下各样本与样本均值之间的差异，是由随机误差造成的。经过简单推导，可以得到以下平方和分解公式：

$$S_T = S_A + S_E$$

进一步，$f_T = n-1$ 是总偏差平方和的自由度，$f_A = r-1$ 是因子 A 的自由度，而 $f_E = n-r$ 是随机误差的自由度。显然，

$$f_T = f_A + f_E$$

具体的检验是将平方和除以其自由度之后修正为均方和，利用均方和构造 F 检验统计量来完成方差分析。F 检验统计量的具体形式为

$$F = \frac{MS_A}{MS_E} = \frac{S_A/(r-1)}{S_E/(n-r)}$$

理论上，当 F 值大于 1 时，认为因子有作用，即存在因子效应；当 F 值小于等于 1 时，就认为因子效应不显著，各因子水平的样本均值差异是由随机误差所造成的。

6.1.2 单因子方差分析的具体实现

重新回到例 6-1 的问题中，来详细介绍单因子方差分析的实现过程以及问题的延伸和结果阐述。

问题分析

我们的问题是：

（1）对比这 5 种推销方案的效果是否有差异？即检验假设

$$H_0: \mu_1 = \mu_2 = \cdots = \mu_5 \leftrightarrow H_1: \mu_1, \mu_2, \cdots, \mu_5 \text{不全相等}$$

（2）如果有差异，哪种推销方案的效果最好？

（3）如果有差异，对最佳推销方案一个月的平均推销成交额给出置信水平为 95% 的置信区间。

第一个问题的解决方法是方差分析，第二个问题是方差分析的后续分析——多重比较，第三个问题则是前面章节所讲的区间估计。

> **实现过程**

首先，打开 SPSS 软件建立数据文件"数据 13_推销成交额.sav"，变量定义如图 6-1 所示。

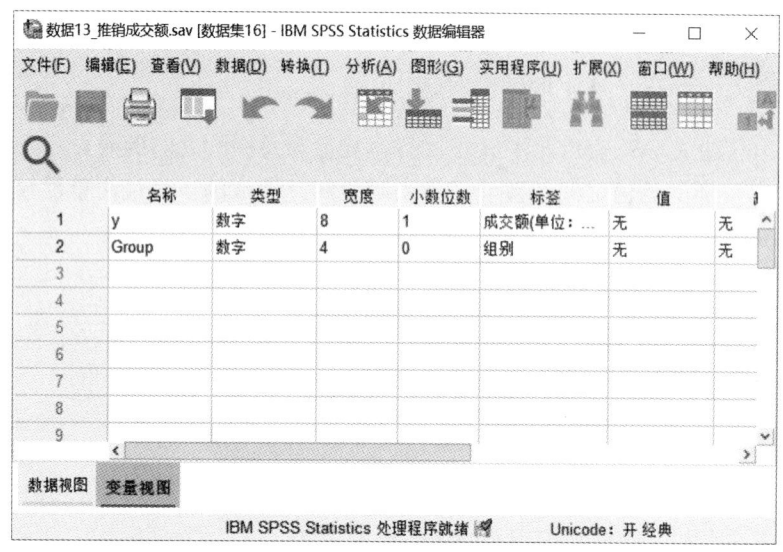

图 6-1　变量定义

变量 y 表示一个月内的推销成交额（单位：千元），变量 Group 表示所要考察的因子——不同的推销方案（即组别），其取值 1、2、3、4、5 相当于对应 y 值的标签，说明其用的是哪一种推销方案。

完成数据录入之后，在"分析"下拉菜单依次选择"比较均值"→"单因素 ANOVA 检验"，如图 6-2 所示。

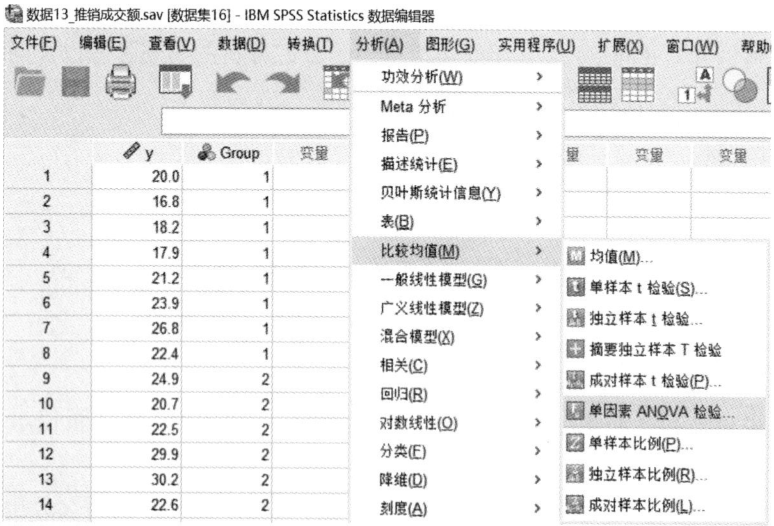

图 6-2　单因子方差分析的找寻路径

在单因素 ANOVA 检验对话框中，将变量"成交额"选入"因变量列表"栏，代表不同推销方案的变量"组别"选入"因子"栏，如图 6-3 所示。

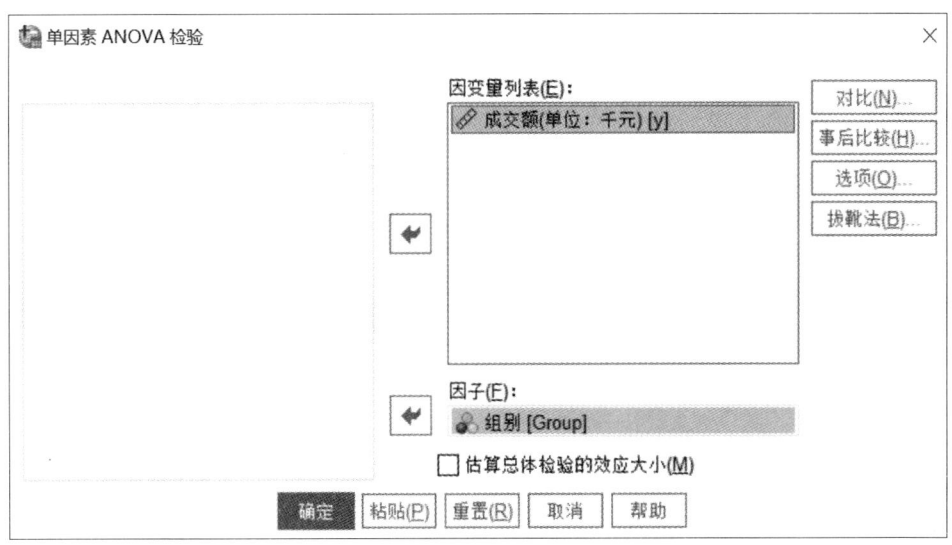

图 6-3　单因子方差分析对话框

点击"对比"按钮，弹出相应对话框（见图 6-4）。其作用是对组间平方和进行分解并确定均值的多项式比较，假如本例中 5 种推销方案的成本是从第一组到第五组逐次升高的，此处可以选择"多项式"用以考虑推销成本与成交额之间是否存在趋势。而此处没有这一区分，所以不必勾选。

图 6-4　对比对话框

点击"事后比较"按钮，弹出相应对话框（见图 6-5）。这就是方差分析的后续延伸——多重比较。

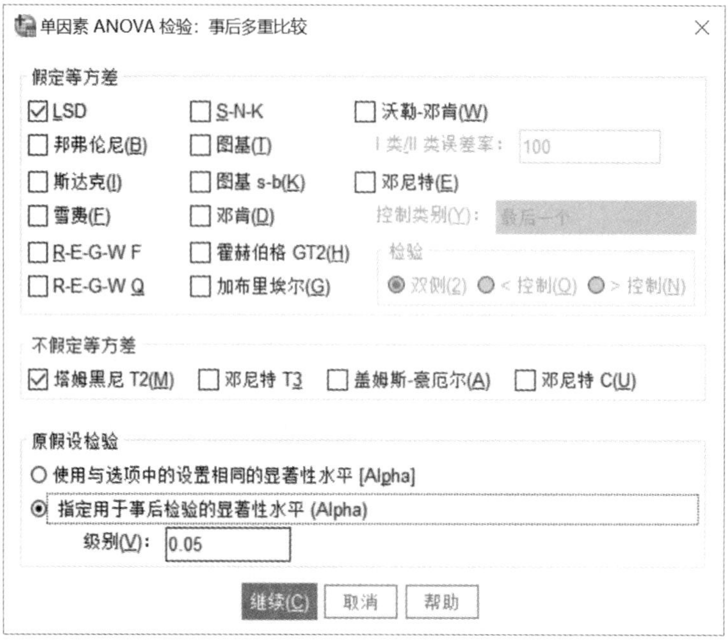

图 6-5 多重比较对话框

也就是说，如果方差分析的结果是拒绝原假设，认为不同因子水平对应的正态总体均值存在显著差异，那么究竟是谁和谁之间存在差异呢？

所以，这部分研究是基于方差分析认为"所有的 μ_i 不全相等"，接下来完成进一步的分析，故而称为"事后多重比较"。

具体到本例，如果 5 种推销方案的月成交额存在差异，那么按照这种差异性如何将这 5 种方案分组进而排序呢？多重比较就可以解决这个问题。

事后多重比较对话框中共列出 18 个检验统计量可供选择，我们从中选取 6 个比较常用的多重比较检验统计量，前 4 个选自"假定等方差"，后 2 个选自"不假定等方差"。

（1）LSD（Least Significant Difference），即最小显著性差异法。用 t 检验完成组间成对均值的比较，检验的敏感度较高，即使因子各水平间的均值存在细微差异也能检验出来，对比组别较少时使用得较多。

（2）Bonferroni，即图 6-5 中的"邦弗伦尼"，也称修正最小显著性差异法。对比组别较少时使用，相对较为保守。

（3）Scheffe，即图 6-5 中的"雪费"。各组别的样本量不相同时使用，相对较为保守，有时候用方差分析可发现差异，用此方法却发现不了差异。

（4）Tukey，即图 6-5 中的"图基"。适用于各组别的样本量都相同，即等重复的情形。

（5）Tamhane's T2，即图 6-5 中的"塔姆黑尼"。方差不齐时使用，采用 t 检验的保守成对比较。

（6）Games-Howell，即图 6-5 中的"盖姆斯-豪厄尔"。方差不齐时使用，该方法比较常用。

本例中，如图 6-5 所示，我们分别勾选了"LSD"和"Tamhane's T2"两个选项，显著性水平输入的是 0.05。最终根据"方差齐性检验结果"来确定使用哪一个分析结果，后面结果阐述部分会有具体解释。

单击图 6-3 所示的单因子方差分析对话框中的"选项"按钮，弹出相应的对话框（见图 6-6），可以对输出结果做出选择。"统计"一栏中包括以下 5 项：

（1）描述：结果中输出因变量的个案数、平均值、标准差、平均值的标准误、平均值的 95%置信区间的置信下限和置信上限、最小值和最大值。

（2）固定和随机效应：显示固定效应模型的标准差、标准误以及 95%置信区间，显示随机效应模型的标准误、95%置信区间、方差分量的估计值[①]。

（3）方差齐性检验：对分组样本进行 Levene 方差齐性检验。

（4）Brown-Forsythe，即"布朗-福塞斯"：方差齐性未知时，F 检验失效，选择该检验统计量。

（5）Welch，即"韦尔奇"：与 Brown-Forsythe 类似，方差齐性未知时，选择该检验统计量。

如图 6-6 所示，本例中选择了"描述""方差齐性检验""均值图"。

图 6-6 选项对话框

单击"继续"返回主对话框，点击"确定"按钮，在输出窗口得到一长串运行结果。

---

① 关于固定效应模型和随机效应模型的定义可以参考方差分析相关的专业书籍，此处不再详细介绍。

这里对于结果的选取和解读是否合理，取决于我们对其背后统计意义是否准确理解。

> **结果阐述**

对于本例，主要分析结果有以下 5 个：描述性统计量、方差齐性检验、单因子方差分析表、多重比较、均值图。

（1）描述性统计量如表 6-1 所示，包括各小组的推销成交额平均值、标准差、平均值的标准误、95%置信区间的上限和下限、各组的最小值和最大值。5 种不同推销方案的每个小组的成员人数都是 8 人。

表 6-1 描述性统计量

成交额（单位：千元）

	个案数	平均值	标准差	平均值的标准误	平均值的95%置信区间		最小值	最大值
					下限	上限		
1	8	20.900	3.3819	1.1957	18.073	23.727	16.8	26.8
2	8	24.488	3.6760	1.2996	21.414	27.561	20.7	30.2
3	8	20.688	3.2463	1.1477	17.974	23.401	16.0	26.8
4	8	18.438	1.2489	.4416	17.393	19.482	16.5	20.2
5	8	27.862	1.7824	.6302	26.372	29.353	25.2	30.2
总计	40	22.475	4.3026	.6803	21.099	23.851	16.0	30.2

直观来看，第 5 组采用的推销方案效果最好，平均成交额最高，达到 27.862 千元，第 4 组采用的推销方案效果最差，平均成交额只有 18.438 千元。

总共这 40 人中，最高的成交额是 30.2 千元，出现在第 5 组和第 2 组，这就容易让我们对第 2 组完成最高成交额的这个销售人员比较感兴趣，更加关注其个人的业务素质和能力。

下面针对前面【问题分析】提出的 3 个问题，来逐一回答。

（1）对比这 5 种推销方案的效果是否有差异？即检验假设

$$H_0: \mu_1 = \mu_2 = \cdots = \mu_5 \leftrightarrow H_1: \mu_1, \mu_2, \cdots, \mu_5 \text{不全相等}$$

方差分析首先要满足 3 个条件：正态性、方差齐性、独立性。

这里的正态性条件留给大家自己练习，此处不再验证。

独立性则可以通过随机分组的方式来保证。

方差分析对于"方差齐性"这个条件的要求相对较高，所以先要看 Levene 方差齐性检验的结果（见表 6-2）。

表 6-2 Levene 方差齐性检验

		莱文统计	自由度1	自由度2	显著性
成交额（单位：千元）	基于平均值	1.900	4	35	.132

表 6-2 的 Levene 方差齐性检验结果中，Sig.=0.132＞0.05，所以这 5 组数据满足方差齐性的假定条件。表 6-3 的方差分析表结果有统计意义，可以回答第一个问题。

表 6-3 方差分析表

成交额（单位：千元）

	平方和	自由度	均方和	F	显著性
组间	440.420	4	110.105	13.686	<.001
组内	281.575	35	8.045		
总计	721.995	39			

方差分析表结果显示，检验统计量 $F=13.686$，显著性 Sig.<0.001，因此拒绝原假设，说明这 5 种推销方案的效果是存在显著差异的。

（2）如果有差异，哪种推销方案的效果最好？

方差分析只能告诉我们这 5 种方案的效果有差异，究竟是哪些有差异，就需要用到多重比较的结果（见表 6-4）。

表 6-4 多重比较[①]

因变量：成交额（单位：千元）

	（I）组别	（J）组别	平均值差值（I-J）	标准错误	显著性	95%置信区间	
						下限	上限
LSD	1	2	−3.5875*	1.4182	.016	−6.467	−.708
		3	.2125	1.4182	.882	−2.667	3.092
		4	2.4625	1.4182	.091	−.417	5.342
		5	−6.9625*	1.4182	<.001	−9.842	−4.083
	2	1	3.5875*	1.4182	.016	.708	6.467
		3	3.8000*	1.4182	.011	.921	6.679
		4	6.0500*	1.4182	<.001	3.171	8.929
		5	−3.3750*	1.4182	.023	−6.254	−.496
	3	1	−.2125	1.4182	.882	−3.092	2.667
		2	−3.8000*	1.4182	.011	−6.679	−.921
		4	2.2500	1.4182	.122	−.629	5.129
		5	−7.1750*	1.4182	<.001	−10.054	−4.296
	4	1	−2.4625	1.4182	.091	−5.342	.417
		2	−6.0500*	1.4182	<.001	−8.929	−3.171
		3	−2.2500	1.4182	.122	−5.129	.629
		5	−9.4250*	1.4182	<.001	−12.304	−6.546
	5	1	6.9625*	1.4182	<.001	4.083	9.842
		2	3.3750*	1.4182	.023	.496	6.254
		3	7.1750*	1.4182	<.001	4.296	10.054
		4	9.4250*	1.4182	<.001	6.546	12.304

*. 平均值差值的显著性水平为 0.05。

[①] 本例选取两个选项 "LSD" 和 "Tamhane's T2"，因为前面 Levene 方差齐性检验显示方差齐性，所以这里只保留了 LSD 的结果。

在多重比较的"平均值差值"这一列，数字右上角标记"*"的表明在 0.05 的水平下是显著的，即对应两组的成交额是有显著差异的，综合起来就可以将这 5 种推销方案进行排序分组：

效果最好：方案 5；

效果次之：方案 2；

效果最差：方案 1，方案 3，方案 4。

结合图 6-7 给出的均值图，5 个方案的优劣性更是一目了然。

因此，第二个问题的答案是方案 5 的推销效果最好。

（3）如果有差异，对最佳推销方案一个月的平均推销成交额给出置信水平为 95%的置信区间。

回到表 6-1 中，方案 5 一个月的平均推销成交额的 95%置信区间是 26.372～29.353 千元。

从例 6-1 的实现过程可以看到，方差分析只是用于解决多个正态总体均值是否完全相等的假设检验，是完整分析的一部分，后续分析通常还包括多重比较[①]和参数估计，中间的每一个环节以及最后的结果选择和解释都需要有扎实的统计学基础。

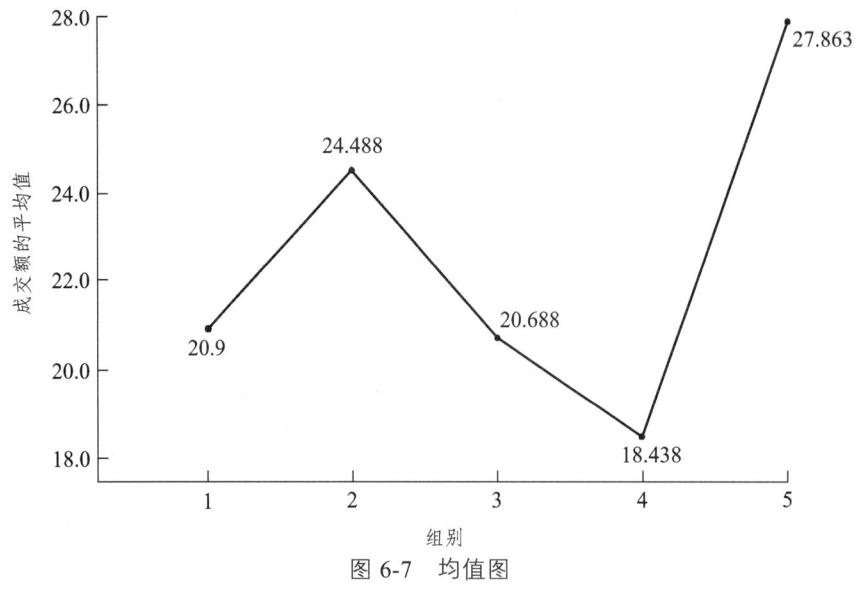

图 6-7 均值图

6.2 多因子方差分析

方差分析时如果考虑的因子个数多于一个，就是多因子方差分析，根据在每个因子水平组合下的样本数据个数，将多因子方差分析分无重复试验和有重复试验两种情况进行介绍。

[①] 只有在方差分析结果是拒绝原假设且模型是固定效应模型的情况下，多重比较的结果才有意义。

6.2.1 无重复试验的多因子方差分析

以两因子为例，结合实例来讲解无重复试验的多因子方差分析。

【例 6-2】为考察材质和淬火温度对某种钢材淬火后弯曲变形的影响，对 4 种不同材质分别用 5 种不同的淬火温度试验，测得淬火后试件的延伸率数据，如表 6-5 所示[①]。

表 6-5　延伸率数据

温度/℃	甲	乙	丙	丁
800	4.4	5.2	4.3	4.9
820	5.3	5.0	5.1	4.7
840	5.8	5.5	4.8	4.9
860	6.6	6.9	6.6	7.3
880	8.4	8.3	8.5	7.9

问题分析

（1）不同材质对延伸率有显著影响吗？
（2）不同温度对延伸率有显著影响吗？
（3）若有必要，给出多重比较结果。
（4）选出温度和材质两个因子的最优水平组合，并对该水平组合下的延伸率给出 95% 的置信区间。

需要说明的是，因为两个因子的水平组合都只有一个样本数据，根据该组试验数据无法检验这两个因子之间是否存在交互效应。

实现过程

建立 SPSS 软件数据文件"数据 14_延伸率.sav"，在"变量视图"界面定义新变量，如图 6-8 所示。

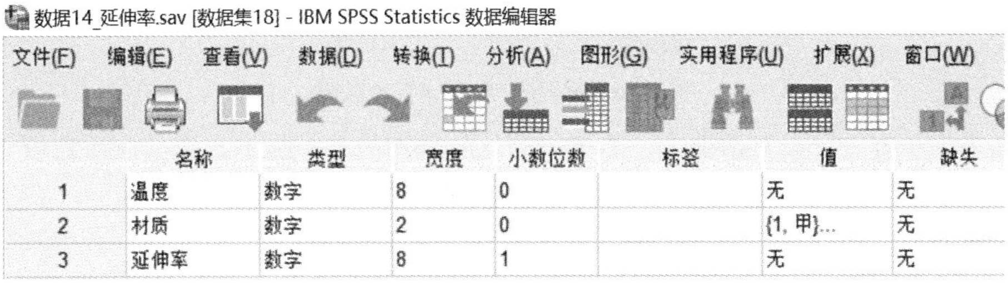

图 6-8　变量定义

其中，变量"延伸率"表示试验观测数据，"温度"和"材质"分别表示所要考察的两个因子，其取值反映因子的不同水平，相当于对应试验数据"延伸率"的标签。

由于问题是针对两个因子，分别检验不同水平下其效应是否相等，需要用到多因子

[①] 数据选自王万中：《试验的设计与分析》，高等教育出版社 2004 年版。

方差分析。具体过程如下：在"分析"下拉菜单依次选择"一般线性模型"→"单变量"，如图 6-9 所示。

图 6-9　多因子方差分析的找寻路径

弹出多因子方差分析对话框（见图 6-10），将变量"延伸率"选入"因变量"栏，"温度"和"材质"两个变量选入"固定因子"[①]栏。

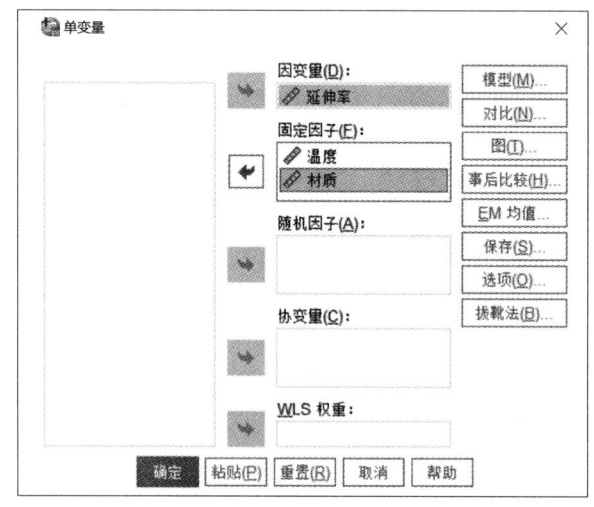

图 6-10　多因子方差分析对话框

在多因子方差分析对话框中，右侧一列比较常用的有：模型、图、事后比较（即多重比较）、选项。以下结合例 6-2 对这几个按钮对应的对话框进行解释。

图 6-11 是"单变量：模型"对话框，其作用是定义模型。也就是说，软件只能帮助我们完成计算，但选择什么模型则是需要我们来定义的。本例中，选择"构建项"，注意到，需要先在中间栏"构建项：类型"的可选项中选择"主效应"，然后再将"温度"和

---

① 如果考察的因子有太多可能的取值，样本中只随机选取了几个，这样的因子就是随机因子。例如，比较北京市不同高校的男、女在校生月生活费水平是否有显著差异，鉴于高校太多，我们仅从中随机选择 5 所高校抽样，性别只有男、女两个取值，则高校就是随机因子，性别就是固定因子。

"材质"两个变量选入右侧"模型"栏。其他采用系统默认，点击"继续"返回主对话框。

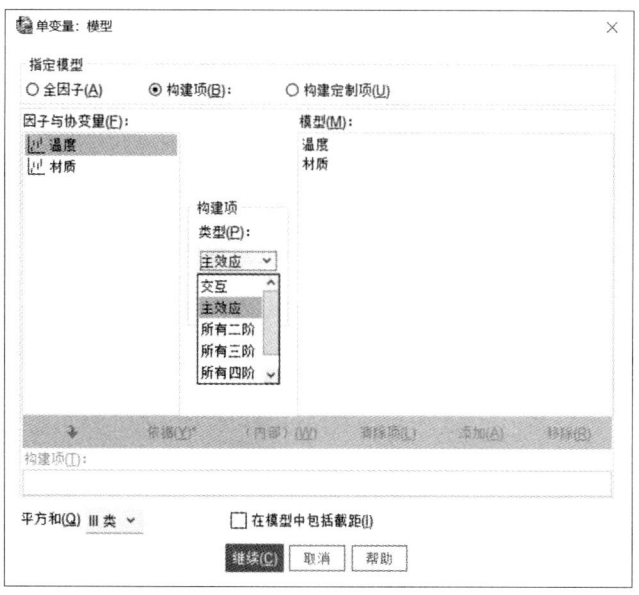

图 6-11　模型对话框

点击主对话框的"图"按钮，弹出轮廓图对话框（见图 6-12），将"材质"选入"水平轴"栏，将"温度"选入"单独的线条"栏。

图 6-12　轮廓图对话框

将因子选入对应框后，必须单击"添加"按钮，系统才会将"材质*温度"选入对话框中间"图"的空白栏中，"图表类型"中选择"折线图"，单击"继续"按钮返回主对话框。

图 6-13 给出了"单变量：实测平均值的事后多重比较"对话框，因为不知道两个因子对延伸率的影响是否显著，这里把"温度"和"材质"两个因子都放入右侧"事后检验"的空白栏中，最后根据方差分析表的结果来决定这一部分保留哪些分析结果。比较方法选择的是"邓肯"，单击"继续"按钮返回主对话框。

图 6-13　多重比较对话框

继续点击主对话框的"选项"按钮，弹出图 6-14 所示的"选项"对话框，在"显示"栏中选择"描述统计"和"参数估计值"。显著性水平输入 0.05，相应置信区间的置信度就是 95%。

单击"继续"按钮返回主对话框后，即可点击"确定"按钮进行分析，在输出窗口呈现的结果会有很多，如何在这些分析图表中选择并给出合理解释，则是我们接下来的重点。

图 6-14　选项对话框

结果阐述

统计分析报告最终是为了解决实际问题，所以这部分以前面提出的问题为主线，将 SPSS 输出的统计分析结果和具体阐述整合在一起。

（1）不同材质对延伸率有显著影响吗？

（2）不同温度对延伸率有显著影响吗？

这两个问题就是方差分析所要回答的问题，分别是两个因子对应的原假设和备择假设。

根据表 6-6，模型的显著性 Sig.=0，说明模型具有统计学意义。因子"温度"的显著性 Sig.=0，而因子"材质"的显著性 Sig.=0.526，这意味着温度的不同对延伸率有着显著影响，而 4 种不同材质对延伸率则没有显著影响。

表 6-6　方差分析表

因变量：延伸率

来源	Ⅲ类平方和	自由度	均方和	F	显著性
模型	761.525[a]	8	95.191	698.647	<.001
温度	36.397	4	9.099	66.783	<.001
材质	.320	3	.107	.783	.526
误差	1.635	12	.136		
总计	763.160	20			

a. R 方=.998（调整后 R 方=.996）。

（3）若有必要，给出多重比较结果。

根据前面的分析，只对有显著影响的因子进行多重比较，所以只需要表 6-7 所给出的结果。表 6-6 中已经把温度的 5 个水平分成 3 个子集，结合均值图 6-15 可以更直观地看到这个分组的意思。

表 6-7　延伸率

	温度	个案数	子集 1	子集 2	子集 3
邓肯 a,b	800	4	4.700		
	820	4	5.025		
	840	4	5.250		
	860	4		6.850	
	880	4			8.275
	显著性		.067	1.000	1.000

将显示齐性子集中各个组的平均值。
基于实测平均值。
误差项是均方（误差）=.136。
a. 使用调和平均值样本大小=4.000。
b. Alpha=.05。

总的来看，温度越高，延伸率的取值越大，但 800、820、840（°C）三个水平下延伸率的变化差异不大，当温度升至 860 °C 时，延伸率的变化已经很显著，升至 880 °C 时，延伸率的变化又是一个跨越。

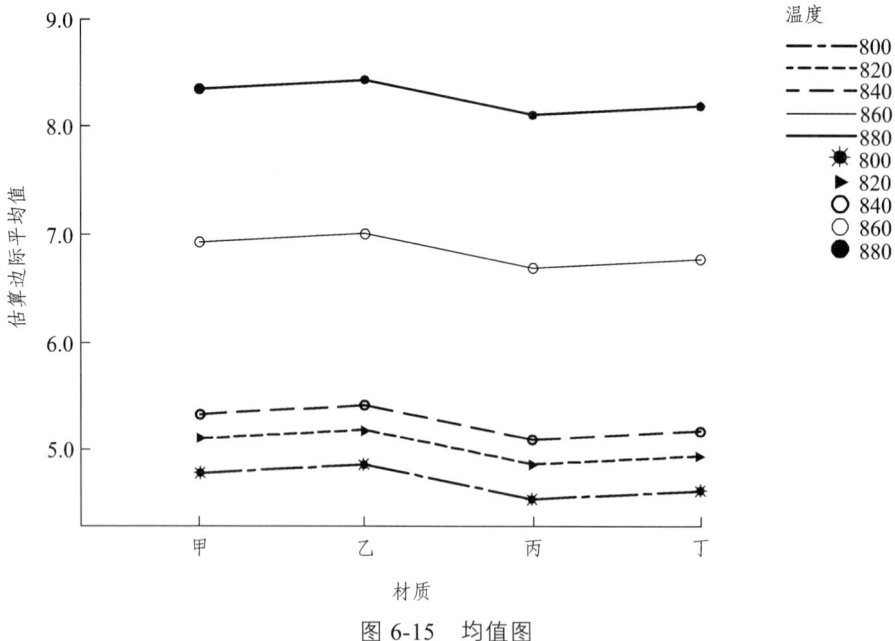

图 6-15　均值图

（4）选出温度和材质两个因子的最优水平组合，并对该水平组合下的延伸率给出 95%

的置信区间。

这个问题的结论需要我们自己分析并结合 SPSS 软件的计算结果得出。因为试验的 4 种材质对延伸率的影响不大，所以实际问题中可以从经济性的角度来选择成本最低的材质，再考虑温度的最优水平，因此最优水平组合是：温度 880 ℃，材料选成本低的。在 880 ℃ 的水平下，延伸率的 95%置信区间是 7.686 ~ 8.704，即表 6-8 中的最后一行结果。

表 6-8 参数估计值

因变量：延伸率

参数	B	标准误差	t	显著性	95%置信区间	
					下限	上限
[温度=800]	4.620	.233	19.790	.000	4.111	5.129
[温度=820]	4.945	.233	21.182	.000	4.436	5.454
[温度=840]	5.170	.233	22.146	.000	4.661	5.679
[温度=860]	6.770	.233	28.999	.000	6.261	7.279
[温度=880]	8.195	.233	35.104	.000	**7.686**	**8.704**

6.2.2 有重复试验的多因子方差分析

与无重复试验的多因子方差分析相比，有重复试验①的多因子方差分析最大的不同是方差分析可以检验因子间的交互效应是否显著。如对于某种疾病的治疗，药物 A 和药物 B 必须同时服用，其原因在于两种药物的共同作用，即交互效应。

【例 6-3】为考察机床加工中，进刀速度（mm/min）与切割深度（mm）对某种金属零件的表面光洁度的影响，选定 3 种进刀速度并随机选择 4 种切割深度做试验，每个水平组合下重复 4 次试验，得到如下数据（见表 6-9）。

表 6-9 试验数据

		切割深度/mm			
		4	4.6	5	6.4
进刀速度/ （mm/min）	5	74，64，60，62	72，79，68，73	82，88，85，92	96，104，99，99
	6.4	92，88，86，88	98，104，98，88	99，108，101，95	104，99，104，110
	7.6	99，98，99，102	104，99，98，95	108，105，110，99	114，110，111，107

> 问题分析

（1）进刀速度对零件的表面光洁度有没有显著影响？

---

① 这里的重复是指同一水平组合下抽取多个样本。科研工作中还有一类情况是重复测量数据，是指在不同时间点对同一对象的同一观察指标进行多次观测得到的数据。由于同一个个体的重复观测往往存在相关性，不满足方差分析模型的独立性条件，在 SPSS 软件中要用"重复测量数据方差分析"，即"一般线性模型"中所列出的"重复测量"分析工具。

（2）切割深度对零件的表面光洁度有没有显著影响？

（3）进刀速度和切割深度的交互效应对零件的表面光洁度有没有显著影响？

（4）如果有显著影响，最佳生产条件是什么呢？对零件的表面光洁度给出95%置信区间。

显然，前三个问题就是方差分析所解决的假设检验问题，但这里的切割深度是随机因子，在模型定义和多重比较上都与固定因子模型有所不同，在接下来的实现过程和结果阐述中会予以强调。最后一个问题则是方差分析的后续，这提醒我们，方差分析只是统计分析的一个中间环节，实际应用中一定要结合问题背景继续后续分析。

▎实现过程

建立数据文件"数据15_机床加工.sav"，变量定义如图6-16所示。变量y表示试验观测数据，（即"光洁度"的观测值）；因子A和B分别表示进刀速度和切割深度，其取值反映了因子的不同水平，相当于对应试验数据"光洁度"的标签。

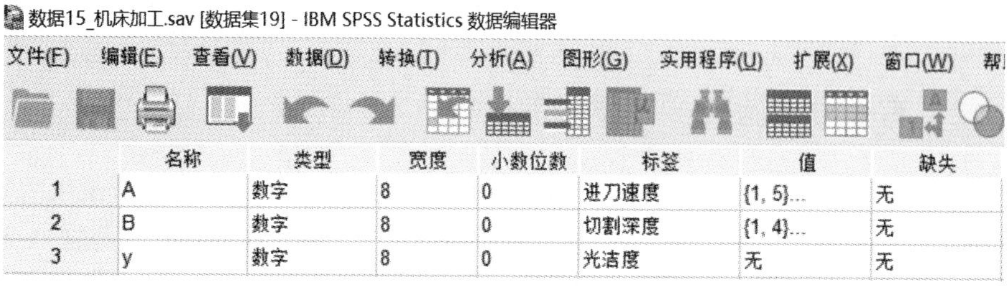

图6-16 变量定义

在"分析"下拉菜单依次选择"一般线性模型"→"单变量"，会弹出多因子方差分析的主对话框（见图6-17），将变量"光洁度"选入"因变量"栏，"进刀速度"选入"固定因子"栏，"切割深度"选入"随机因子"栏。

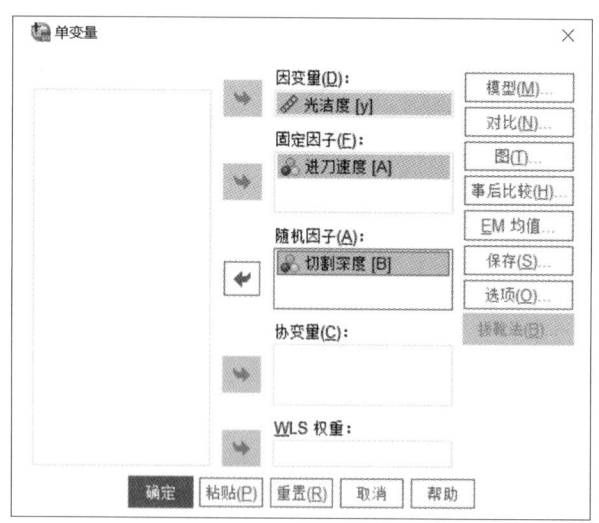

图6-17 多因子方差分析主对话框

单击"模型"按钮，弹出模型对话框，选择"构建项"，分以下两步完成模型构建：

（1）主效应：在中间"构建项：类型"列表中选择"主效应"，然后将左边"因子与协变量"栏中的"A"和"B"都选入右侧"模型"栏，如图6-18（a）所示。

（2）交互效应：在中间"构建项：类型"列表中选择"交互（效应）"，然后将左边"因子与协变量"栏中的"A"和"B"都选入右侧"模型"栏，如图6-18（b）所示。

（a）主效应

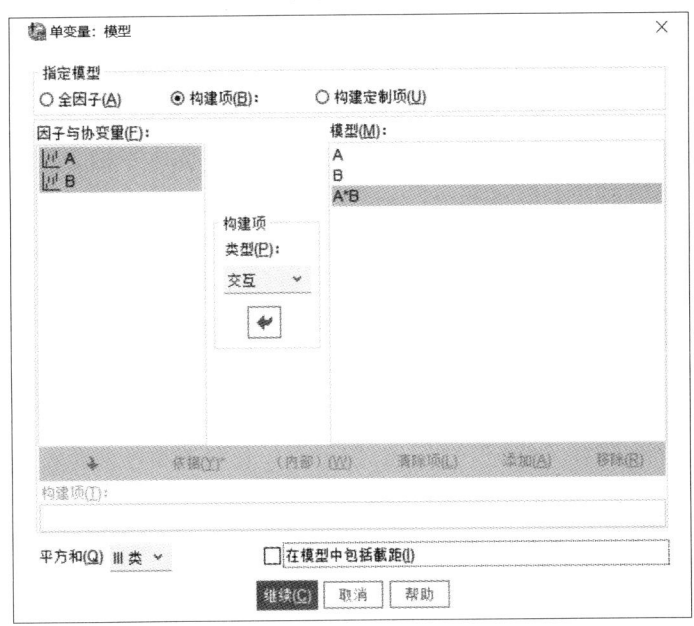

（b）交互效应

图6-18 模型构建对话框

完成模型构建，点击"继续"按钮，返回多因子方差分析的主对话框，单击"事后比较"按钮，弹出图 6-19 所示的"单变量：实测平均值的事后多重比较"对话框。

需要注意的是，多重比较只对固定因子有意义，本例中切割深度是随机因子，所以在多重比较对话框左上方的"因子"栏中，只有一个可以选择的固定因子"A"。

多重比较选择的是"邓肯"[①]，单击"继续"按钮，返回多因子方差分析主对话框。

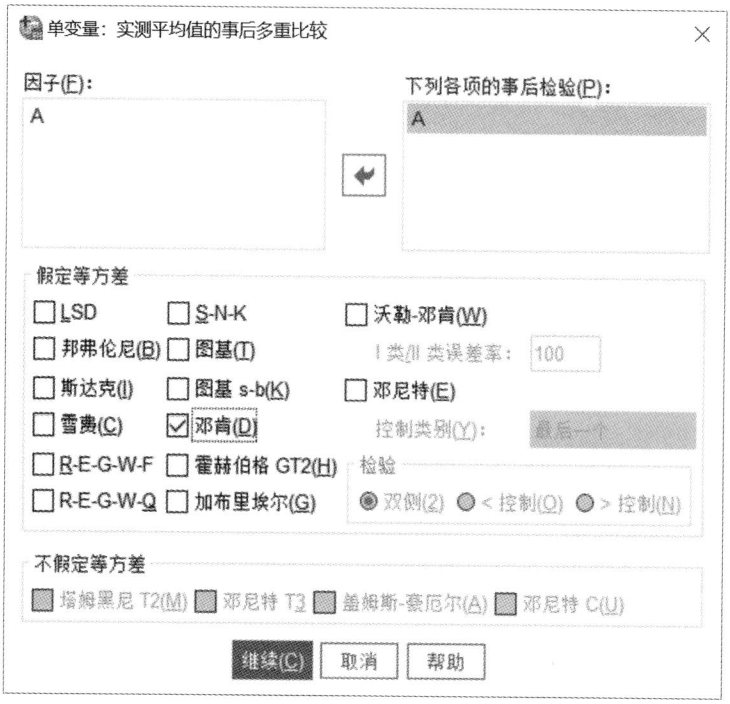

图 6-19 多重比较对话框

单击"图"按钮，在对话框中选择因子"进刀速度"为水平轴，"切割深度"为单独折线，完成折线图的定义。

单击"选项"按钮，选择显示栏的"描述统计"以及"（方差）齐性检验"复选框，返回主对话框之后单击"确定"按钮，运行并输出分析结果。

结果阐述

首先看方差齐性检验的结果。

表 6-10 分别列出了 4 种情况下 Levene 统计量的观测值和显著性水平，以第一行"基于平均值"的结果为例，显著性 Sig.=0.809，大于常用的显著性水平 0.05，认为方差齐性假定条件满足。所以，后面的方差分析结果有统计意义。

---

① 该方法适用于每个水平组合下样本量都相同的情况。

表 6-10 误差方差的 Levene 等同性检验 [a,b]

		莱文统计	自由度1	自由度2	显著性
光洁度	基于平均值	.609	11	36	.809
	基于中位数	.427	11	36	.934
	基于中位数并具有调整后自由度	.427	11	22.996	.928
	基于剪除后平均值	.575	11	36	.836

检验"各个组中的因变量误差方差相等"这一原假设。

a. 因变量：光洁度。

b. 设计：$A+B+A*B$。

表 6-11 是方差分析结果，从最后一列三个显著性的数值 (0.004，0.020，<0.001)可以看出，因子 A、因子 B 以及 $A \times B$ 交互效应均有统计学意义。

表 6-11 方差分析表

因变量：光洁度

来源		III类平方和	自由度	均方和	F	显著性
A	假设	4370.042	2	2185.021	16.533	**.004**
	误差	792.958	6	132.160[a]		
B	假设	2894.229	3	964.743	7.300	**.020**
	误差	792.958	6	132.160[a]		
$A*B$	假设	792.958	6	132.160	6.689	**<.001**
	误差	711.250	36	19.757[b]		

a. $MS(A*B)$。

b. MS（错误）。

回到【问题分析】中提出的三个问题：

（1）进刀速度对零件的表面光洁度有没有显著影响？

（2）切割深度对零件的表面光洁度有没有显著影响？

（3）进刀速度和切割深度的交互效应对零件的表面光洁度有没有显著影响？

上面的统计学分析结果可以解释为：进刀速度、切割深度对加工零件的表面光洁度都有显著影响，而且这两个因素的共同作用也会对加工零件的表面光洁度产生显著影响。

在方差分析的基础上，回到【问题分析】的最终目的，以提高零件表面光洁度为目标，寻找机床加工条件的最优设置，即【问题分析】中的最后一个问题：

（4）如果有显著影响，最佳生产条件是什么呢？对零件的表面光洁度给出 95%置信区间。

表 6-12 给出了关于固定因子"进刀速度"的多重比较结果。从表 6-12 可以看到，三个进刀速度两两之间都存在显著差异，而且速度越快，零件表面的光洁度指标观测值越高。从生产商的角度来看，提高设备进刀速度也是生产工艺提高的攻关方向之一。

表 6-12 多重比较

	进刀速度	个案数	子集		
			1	2	3
邓肯 a,b	5	16	81.06		
	6.4	16		97.63	
	7.6	16			103.63
	显著性		1.000	1.000	1.000

将显示齐性子集中各个组的平均值。
基于实测平均值。
误差项是均方（误差）=19.757。
a. 使用调和平均值样本大小=16.000。
b. Alpha =.05。

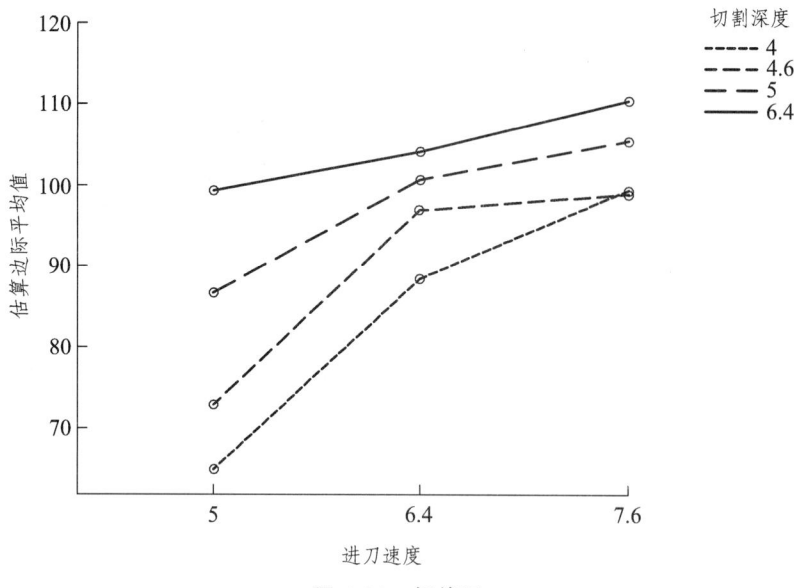

图 6-20 折线图

结合图 6-20 可以看出，在车床的当前可选条件下，最优的加工条件是进刀速度选 7.6 mm/min，进刀深度选 6.4 mm，如表 6-13 最后一行结果，零件表面光洁度的 95%置信区间为 105.993 ~ 115.007。

表 6-13 参数估计值

因变量：光洁度

参数	B	标准误差	t	显著性	95%置信区间	
					下限	上限
$[A=1]*[B=1]$	65.000	2.222	29.247	<.001	60.493	69.507
$[A=1]*[B=2]$	73.000	2.222	32.847	<.001	68.493	77.507
$[A=1]*[B=3]$	86.750	2.222	39.034	<.001	82.243	91.257

续表

参数	B	标准误差	t	显著性	95%置信区间	
					下限	上限
[A=1]*[B=4]	99.500	2.222	44.771	<.001	94.993	104.007
[A=2]*[B=1]	88.500	2.222	39.821	<.001	83.993	93.007
[A=2]*[B=2]	97.000	2.222	43.646	<.001	92.493	101.507
[A=2]*[B=3]	100.750	2.222	45.333	<.001	96.243	105.257
[A=2]*[B=4]	104.250	2.222	46.908	<.001	99.743	108.757
[A=3]*[B=1]	99.500	2.222	44.771	<.001	94.993	104.007
[A=3]*[B=2]	99.000	2.222	44.546	<.001	94.493	103.507
[A=3]*[B=3]	105.500	2.222	47.470	<.001	100.993	110.007
[A=3]*[B=4]	110.500	2.222	49.720	<.001	**105.993**	**115.007**

7 相关分析

在研究问题的过程中，关注的变量通常不止一个，相关分析就是对变量之间相互关系的定量研究。根据变量自身的属性不同，可以分为定性变量之间的相关分析和定量变量之间的相关分析。

在第 1 章对定性数据的可视化分析中，数据分类统计所用的交叉表在统计分析中也称为列联表（Contingency Table），从列联表上可以直观看出数据的分类统计结果。本章将基于列联表，对定性变量之间的相关程度做进一步的定量分析。

关于定量变量，相关分析和回归分析都可以用来研究两个连续变量之间的关系，但各自侧重点有所不同。相关分析重点考察的是两个变量之间线性关系的强度和方向，变量之间没有主次或因果之分；回归分析则关注于一个变量（即因变量）如何跟随另一个变量（即自变量）变化。

本章主要内容为：

（1）定性变量之间的相关分析；

（2）定量变量之间的相关分析。

7.1 定性变量之间的相关分析

定性变量的统计分析中，分类统计得到的列联表是最基本的手段。

【例 7-1】对在校大学生的学习习惯调查中，完成了 786 份有效调查问卷，对问卷中的年级、性别和是否参加过学科竞赛分别进行分类统计，利用 SPSS 软件给出以下分析结果（见表 7-1、表 7-2）。

表 7-1　年级*学科竞赛 列联表

		参加学科竞赛与否		总计
		0	1	
年级	1	200	37	237
	2	265	60	325
	3	111	37	148
	4	53	23	76
总计		629	157	786

表 7-2 性别*学科竞赛 列联表

		学科竞赛		总计
		0	1	
性别	1	302	79	381
	2	327	78	405
总计		629	157	786

对这两个分类统计数据列联表，能否进一步分析得到有趣的信息呢？答案是肯定的！下面我们就以此为例展开分析。

问题分析

（1）对于在校大学生，不同的年级参加学科竞赛的情况会有所不同吗？

（2）不同的性别参加学科竞赛的比例会有差异吗？

这两个问题关注是否参加学科竞赛与年级或性别之间的相关性，从统计学的角度来看，就是形式类似的假设检验，检验的原假设和备择假设分别为

H_{0A}：年级和参加学科竞赛这两个变量不相关 ↔ H_{1A}：这两个变量相关

H_{0B}：性别和参加学科竞赛这两个变量不相关 ↔ H_{1B}：这两个变量相关

对于此类问题的解决，可以通过列联表分析中的 Pearson χ^2 检验来判断。

实现过程

在 SPSS 软件中打开数据文件"数据12_大学生学习习惯调查.sav"，在"分析"下拉菜单依次选择"描述性统计"→"交叉表"，如图 7-1 所示。

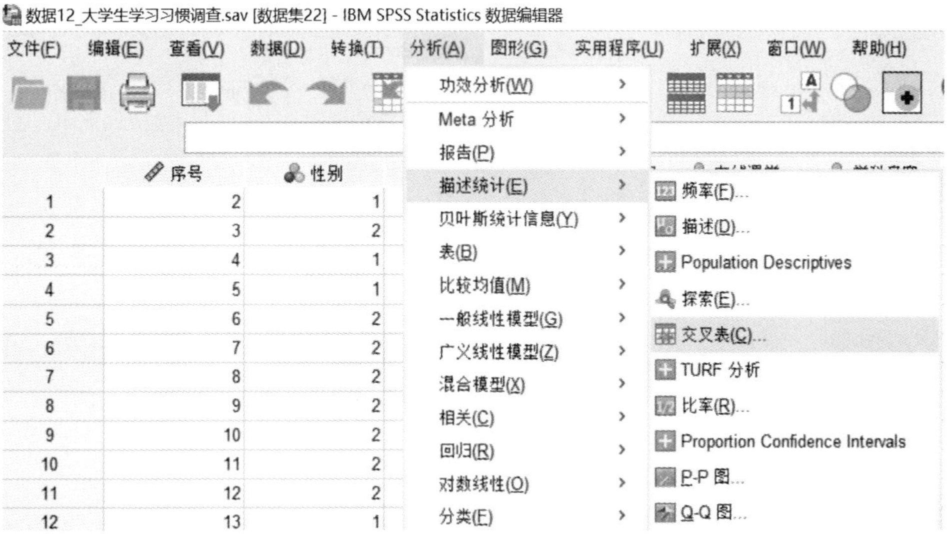

图 7-1 定性数据相关分析的找寻路径

弹出列联表①分析对话框，将关注的变量"年级""性别"②选入"行"栏，变量"学科竞赛"选入"列"栏，如图7-2所示。

图7-2　列联表分析对话框

点击"统计"按钮，弹出相应对话框（见图7-3），可以选择所需要的统计量，对统计量分别解释如下：

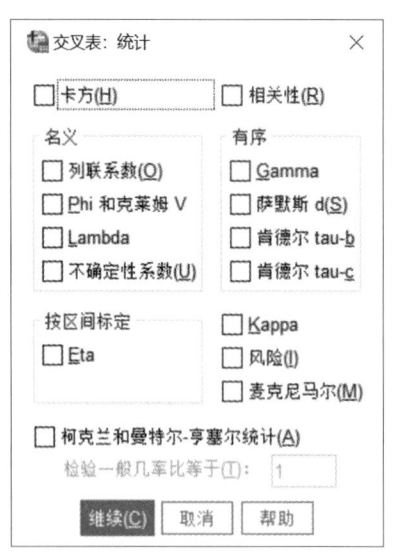

图7-3　统计量对话框

---

① SPSS软件中的交叉表分析就是统计学中的列联表分析。
② 这里也可以只选一个变量"年级"，分析运行完成后再重复操作，选入"性别"完成分析，输出结果是一致的。

（1）卡方：对生成的列联表进行卡方检验，如果行、列两个变量都只有 2 个取值，即 2×2 列联表，则会给出自动校正卡方检验的结果。

（2）相关性：计算行、列变量的 Pearson 相关系数和 Spearman 等级相关系数。

（3）"名义"复选框组：用于分类变量的相关性，有序和无序分类的情况都可以用。

（4）"有序"复选框组：反映变量之间一致性的指标。

（5）Kappa：一致性检验，如可以用于判断两种检测手段的一致性程度。

（6）风险：计算 OR 优势比和 RR 相对危险度。

（7）麦克尼马尔（McNemar）：用于配对卡方检验。

对于本例中我们关注的相关性分析，只需要勾选一个"卡方"，即 χ^2，单击"确定"按钮，在结果输出窗口就会得到相应的列联表和分析图表。

> **结果阐述**

首先来看第一个问题，判断不同年级的学生参加学科竞赛的比例是否存在显著差异，即

H_{0A}：年级和参加学科竞赛这两个变量不相关 ↔ H_{1A}：这两个变量相关

相应的卡方检验结果如表 7-3 所示。

表 7-3　年级*学科竞赛　卡方检验

	值	自由度	渐进显著性（双侧）
皮尔逊卡方	10.659[a]	3	.014
有效个案数	786		

a. 0 个单元格（0.0%）的期望计数小于 5[①]。最小期望计数为 15.18。

在表 7-3 中，重点关注皮尔逊卡方这一行的结果，显著性 Sig.=0.014，小于通常所取的显著性水平 0.05，所以可以推断原假设不可信，即不同年级的学生参加学科竞赛的比例存在显著差异。根据列联表 7-1，进一步分析发现，参加学科竞赛的学生比例随着年级的升高而增加，这与现实情况是相吻合的。高年级学生的专业知识储备优于低年级学生，对于这种挑战性强的学科竞赛参与意愿更高。

再来看第二个问题，判断男生和女生参加学科竞赛的比例是否有显著差异，即

H_{0B}：性别和参加学科竞赛这两个变量不相关 ↔ H_{1B}：这两个变量相关

相应的卡方检验结果如表 7-4 所示。

重点关注第一行皮尔逊卡方的结果，显著性 Sig.=0.605，远大于通常所取的显著性水平 0.05，没有理由拒绝原假设，即认为性别因素对于是否参加学科竞赛的比例没有显著影响。从这个分析结果来看，在学科竞赛的参与度上女生和男生都是一样的。

---

① 卡方检验的理论频数不能太小，这里是列联表中样本数据频数小于 5 的单元格个数。

表 7-4 性别*学科竞赛 卡方检验

	值	自由度	渐进显著性（双侧）	精确显著性（双侧）	精确显著性（单侧）
皮尔逊卡方	.267[a]	1	.605		
连续性修正[b]	.183	1	.669		
费希尔精确检验				.656	.334
有效个案数	786				

a. 0 个单元格（0.0%）的期望计数小于 5。最小期望计数为 76.10。
b. 仅针对 2×2 表进行计算。

7.2 定量变量之间的相关分析

探讨定量变量之间的关系，常用的研究方法有相关分析和回归分析，但两种方法各自的侧重点不同。相关分析重点关注的是两个变量之间线性关系的强弱和方向，变量之间没有主次之分。

7.2.1 相关分析的基本概念

简单来说，相关分析中的关系描述有以下两种。

1）正相关与负相关

正相关：两个变量的变化趋势一致，同时增大或同时减小，称两个变量正相关。

负相关：两个变量的变化趋势相反，一个变量的增加必然伴随着另一个变量的减小，称两个变量负相关。

2）线性相关与非线性相关

线性相关：两个随机变量之间呈现线性趋势，可以是共同增大，也可以是一增一减。

非线性相关：两个随机变量之间没有明显的线性关系，但存在着某种非线性的变化趋势。

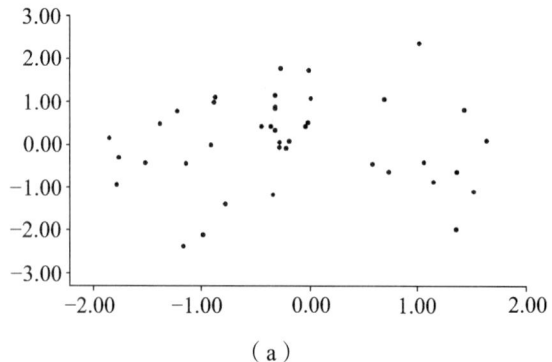

（a）

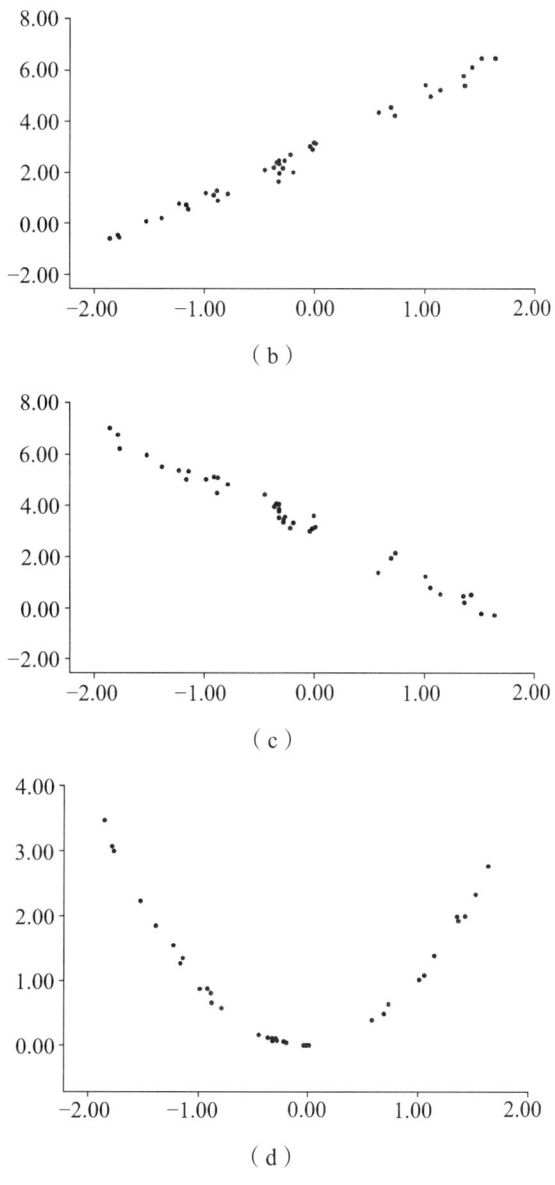

图 7-4 数据散点图

图 7-4 给出了 4 组数据的散点图。其中，图 7-4（a）的数据点杂乱无章，两个变量之间没有什么清晰的趋势关系；图 7-4（b）的数据点呈现出线性变化趋势，两个变量的变化趋势是一致的，所以这两个变量是正线性相关；图 7-4（c）的数据点也呈现线性变化趋势，但两个变量的变化趋势是相反的，一个变量的增大必然伴随着另一变量的减小，所以这两个变量是负线性相关；图 7-4（d）的数据点呈现的是二次曲线的变化趋势，所以这两个变量虽然相关，但相关关系是非线性的。

上述分析中，我们是通过散点图的直接观察来探究两个变量之间的相关关系，是一种直观的分析方法。在此基础上，可以利用相关系数的计算对变量之间相关关系进行更进一步的描述。

常用的相关系数有 Pearson 相关系数、Spearman 相关系数、Kendall τ 相关系数。

（1）Pearson 相关系数。

Pearson 相关系数，又称线性相关系数，记作 r。其计算公式为

$$r = \frac{\sum_{i=1}^{n}(x_i - \overline{x})(y_i - \overline{y})}{\sqrt{\sum_{i=1}^{n}(x_i - \overline{x})^2}\sqrt{\sum_{i=1}^{n}(y_i - \overline{y})^2}}$$

r 的取值满足条件 $-1 \leq r \leq 1$，$r > 0$ 是正相关，$r < 0$ 则是负相关。r 的绝对值 $|r|$ 越接近于 1，说明变量之间的线性相关关系越强。

（2）Spearman 相关系数。

Spearman 相关系数，又称 Spearman 秩相关系数，记作 r_s，是根据数据的排序名次（即秩）来计算的。r_s 的取值也满足条件 $-1 \leq r_s \leq 1$，且绝对值越大，相关性越强，其符号反映相关关系的正负。

（3）Kendall τ 相关系数。

Kendall τ 相关系数是对有序变量或秩变量之间相关关系的度量指标，计算的过程中用到了变量值的秩数据。Kendall τ 的取值范围也是在 -1~1 之间，依旧是绝对值越大，相关性越强，其符号反映相关关系的正负。

7.2.2　定量变量的相关分析

【例 7-2】对 45 位在校大学生的身高、体重、肺活量进行测试，得到数据文件"数据 16_学生体锻指标.sav"。

问题分析

面对这样一个结构的数据文件，我们希望通过数据的统计分析了解身高、体重、肺活量这三个变量之间的相关关系。

（1）身高与体重之间的相关关系究竟如何？

（2）在身高固定不变的条件下，体重与肺活量之间的相关关系又是如何呢？

第一个问题是一般的相关分析，第二个问题则是偏相关分析，两个问题的分析过程都可以在 SPSS 软件的"分析"菜单栏的"相关"子菜单中找到。

实现过程和结果阐述

首先来解决第一个问题，通常可以先将所要分析数据的散点图绘制出来，根据图形的直接观察做初步判断。

（1）身高与体重如何？

打开数据文件"数据 16_学生体锻指标.sav"，利用 SPSS 软件中的图形绘制功能，得到散点图，如图 7-5 所示。

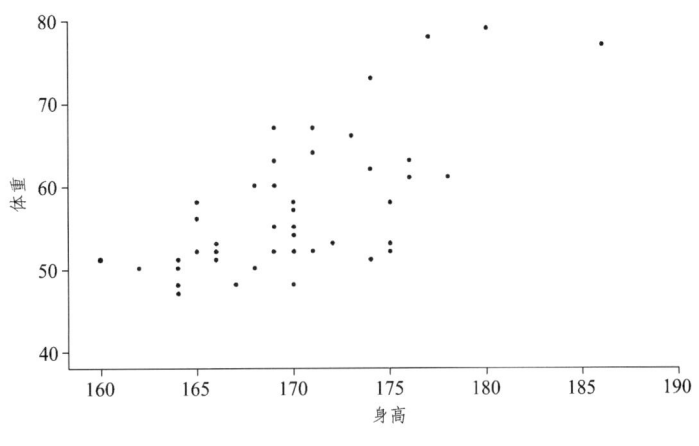

图 7-5 身高与体重的散点图

观察散点图，发现身高和体重存在一定的正相关关系，对这种相关性方向和强弱的进一步分析就是接下来的任务。

在"分析"下拉菜单依次选择"相关"→"双变量"，如图 7-6 所示。

图 7-6 变量相关分析的找寻路径

弹出双变量相关分析对话框（见图 7-7），将身高、体重这两个要分析的变量选入"变量"栏，在"相关系数"复选框中选择 Pearson 相关系数、Kendall τ 相关系数，最下方的"标记显著性相关性"勾选之后，分析结果中显著性 Sig.<0.05 的系数值的右上角会标记"*"，显著性 Sig.<0.01 的系数值的右上角会标记"**"。

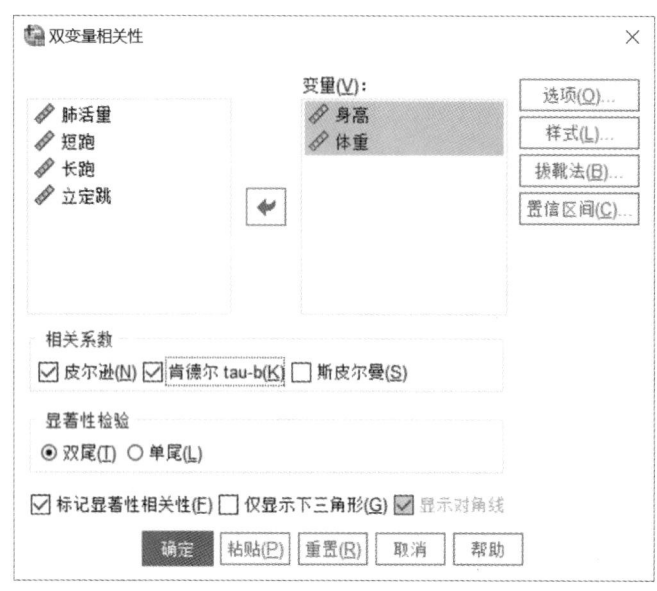

图 7-7　双变量相关分析对话框

点击右侧上方"选项"按钮，弹出相应的子对话框，如图 7-8 所示。

图 7-8　选项对话框

点击"继续"返回主对话框，单击"确定"按钮运行相关分析过程，在输出窗口可以看到表 7-5、表 7-6 和表 7-7 所示的分析结果。

表 7-5　描述性统计

	平均值	标准差	个案数
身高	169.89	5.249	45
体重	57.09	8.251	45

表 7-5 列出了描述性统计结果，这 45 位学生的平均身高 169.89 cm，标准差 5.249 cm，平均体重 57.09 kg，标准差 8.251 kg。

表 7-6 Pearson 相关性

		身高	体重
身高	皮尔逊相关性	1	.696**
	Sig.（双尾）		<.001
	个案数	45	45
体重	皮尔逊相关性	.696**	1
	Sig.（双尾）	.000	
	个案数	45	45

**.在 0.01 级别（双尾），相关性显著。

表 7-6 列出了 Pearson 相关分析结果，身高和体重之间的 Pearson 相关系数是 0.696，存在着显著的正相关关系。

表 7-7 Kendall τ 相关性

			身高	体重
肯德尔 tau_b	身高	相关系数	1.000	.492**
		Sig.（双尾）	.	<.001
		N	45	45
	体重	相关系数	.492**	1.000
		Sig.（双尾）	.000	.
		N	45	45

**. 在 0.01 级别（双尾），相关性显著。

表 7-7 列出了 Kendall τ 相关分析结果，身高与体重之间的 Kendall τ 相关系数是 0.492，呈显著正相关，与 Pearson 相关分析的结果一致。

下面再来考虑第二个问题。

（2）在身高固定不变的条件下，体重与肺活量之间的相关关系又是如何呢？

在图 7-6 中的"分析"下拉菜单依次选择"相关"→"偏相关"，如图 7-9 所示。

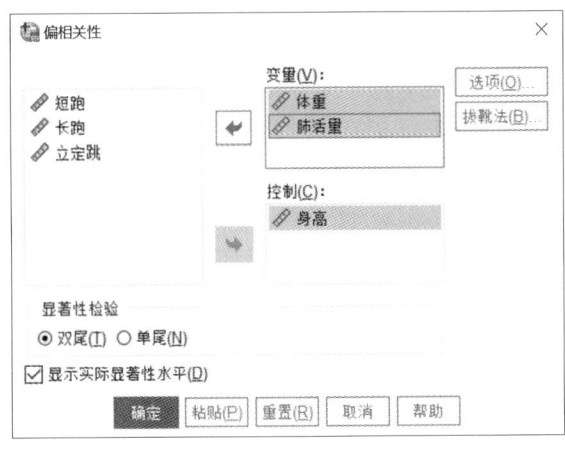

图 7-9 偏相关分析主对话框

弹出偏相关分析的主对话框（见图7-9），将"体重""肺活量"选入"变量"栏，将"身高"选入"控制"变量栏。点击右侧上方的"选项"按钮，弹出图7-10所示的选项对话框。

图7-10 选项对话框

在选项对话框中，选择"平均值和标准差"和"零阶相关性"后返回偏相关分析主对话框。单击"确定"按钮，运行偏相关分析过程，输出界面可以看到表7-8和表7-9所示的分析结果。

表7-8 描述性统计

	平均值	标准差	个案数
体重	57.09	8.251	45
肺活量	3866.67	454.773	45
身高	169.89	5.249	45

表7-8列出了选择分析的三个变量，在表7-5的基础上，又了解了45位同学的平均肺活量是3 866.67 mL，标准差是454.773 mL。

表7-9 相关性

控制变量			体重	肺活量	身高
- 无 -[a]	体重	相关性	1.000	**.713**	.696
		显著性（双尾）	.	<.001	<.001
		自由度	0	43	43
	肺活量	相关性	.713	1.000	.591
		显著性（双尾）	<.001	.	<.001
		自由度	43	0	43
	身高	相关性	.696	.591	1.000
		显著性（双尾）	<0.001	<.001	.
		自由度	43	43	0

续表

控制变量			体重	肺活量	身高
身高	体重	相关性	1.000	**.521**	
		显著性（双尾）	.	<.001	
		自由度	0	42	
	肺活量	相关性	.521	1.000	
		显著性（双尾）	<.001	.	
		自由度	42	0	

a. 单元格包含零阶（皮尔逊）相关性。

表 7-9 的结果包括两部分。上半部分是包括协变量"身高"在内的三个变量（体重、肺活量、身高）的相关系数矩阵，结果显示这三个变量之间都呈现出显著的正相关性，其中体重与肺活量的相关系数是 0.713。下半部分则是控制协变量"身高"的影响之后，体重与肺活量两个变量之间的偏相关系数是 0.521，二者依然呈正相关性。但从数值上看，这里相比之前的相关系数 0.713 变小了，说明偏相关分析在控制协变量的变化之后，对目标变量之间相关关系的刻画更精准。

回归分析 8

相关分析中已经介绍了如何对定量变量之间的相关关系进行描述和刻画，变量之间没有主次或因果之分。而现实中有些问题的变量之间存在因果关系，例如金融机构希望根据人们的职业、消费习惯、年龄、性别等变量的数据来预测客户的信用等级；农业工作者希望依据土壤、肥料、水分、温度等数据来预测农作物的产量；企业希望根据广告推广的投入对产品的销售情况进行预测，等等。

统计学中将事先可以观测到的变量称为自变量（Independent Variable），或解释变量（Explanatory Variable），通常用 X 表示，可以是一维的，也可以是多维的；将感兴趣的变量或被预测的变量称为因变量（Dependent Variable），或响应变量（Response Variable），通常用 Y 表示。

回归分析的目的是希望用函数来描述自变量 X 和因变量 Y 之间的关系，这种描述不可能太精准，Y 的预测结果和实际观测之间往往都存在偏差，回归分析中将这些偏差看作是由随机干扰造成的。例如，两个人的收入、生活状态等都基本相同的情况下，每个月的消费也不会完全一样，这种差异被视为随机干扰，也称为随机噪声。

回归分析中，如果因变量 Y 和自变量 X 之间的函数关系是线性函数，就称为线性回归分析。回归分析主要包括以下三方面的内容：

（1）根据观测数据，确定回归函数模型并估计模型中的未知参数；
（2）判断回归函数是否有意义，以及自变量对因变量的影响是否显著；
（3）利用建立的回归分析模型进行预测或者控制。

针对因变量 Y 的不同类型，回归分析也有很大的差异。本章主要介绍以下两种情况：线性回归分析——定量数据、Logistic 回归分析——定性数据。

8.1 线性回归分析

8.1.1 回归分析的基本思想

【例 8-1】数据文件"数据 17_IQdata.sav"是关于 IQ 的数据集（见图 8-1），其中变量 verbal 为语言表达能力，quant 为数值计算能力，analytic 为分析问题能力，group 是被测试者的分组标签。

本例的目的是研究数值计算和分析问题这两方面能力对语言表达能力的影响。

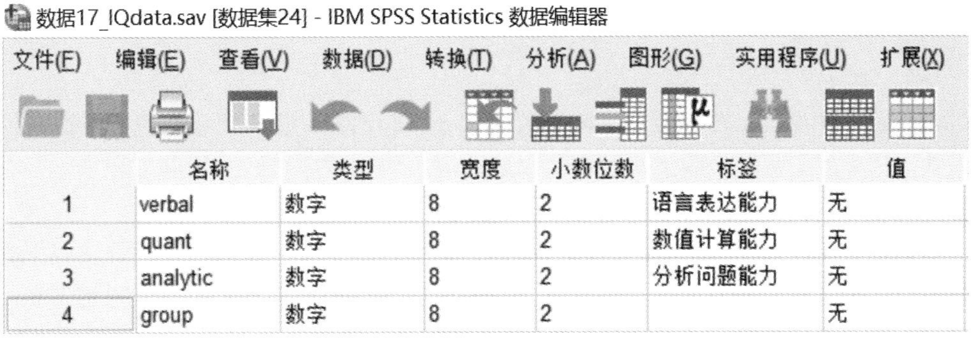

	名称	类型	宽度	小数位数	标签	值
1	verbal	数字	8	2	语言表达能力	无
2	quant	数字	8	2	数值计算能力	无
3	analytic	数字	8	2	分析问题能力	无
4	group	数字	8	2		无

图 8-1　数据文件的变量视图

为了叙述方便，要预测的目标变量记为因变量 Y，可观测到的解释变量记为 x，在回归分析中最简单的是一元线性回归分析。具体地，一元线性回归基于如下关系：

$$Y_i = a + bx_i + e_i$$

其中，Y_i 是一个随机变量；x_i 是另外一个可观测变量；a 和 b 是未知参数，也称回归系数；e_i 是一个随机变量，表示不可观测的随机因素的影响，通常假定 $E(e_i)=0$。因此，

$$E(Y_i) = a + bx_i$$

通常，上式也称理论回归函数。从另一个角度来看，因变量 Y 的取值可以分为两部分：由解释变量 x 所影响的部分 $a+bx$，以及无法控制的随机干扰 e。

实际上，可假定 x_i 已知来推断 Y_i 与 x_i 的关系，因此理论回归方程表达的是

$$E(Y_i|x_i) = a + bx_i$$

这是为了强调推断的条件性质。

回归分析的首要任务是根据 n 组样本观测值(x_i, y_i)，$i=1, 2,\cdots, n$，对未知参数 a 和 b 进行估计，即

$$\hat{y}_i = \hat{a} + \hat{b}x_i$$

上式称为 y 关于 x 的一元线性经验回归方程，相应的直线也称回归直线。

按照什么目标来选择最佳回归直线呢？对于每一观测值点$(x_i，y_i)$，y_i 是实际观测值，其理论值是 $\hat{y}_i = \hat{a} + \hat{b}x_i$，两者的差 $y_i - \hat{y}_i$ 称为残差。我们的目标是残差平方和达到最小，即

$$Q(a,b) = \sum_{i=1}^{n}(y_i - \hat{y}_i)^2 \to \min$$

以此为目标来估计回归系数的方法就是最小二乘法。利用多元函数求极值的方法，可以解得 a 和 b 的最小二乘估计量为

$$\begin{cases} \hat{b} = \dfrac{\sum_{i=1}^{n}(x_i - \bar{x})(y_i - \bar{y})}{\sum_{i=1}^{n}(x_i - \bar{x})^2} \\ \hat{a} = \bar{y} - \hat{b}\bar{x} \end{cases}$$

求得回归方程后，还不能马上就用它去做分析和预测，还需要应用统计方法对回归方程进行相关的显著性检验；当回归效果显著时，则可以应用经验回归方程来做预报与控制。

回归方程的拟合优度检验的原理与单因子方差分析相似，将因变量的总离差平方和分解为回归平方和、残差平方和两部分，将平方和除以其自由度之后修正为均方和，利用均方和构造 F 检验统计量。F 检验统计量的具体形式为

$$F = \dfrac{MS_R}{MS_E} = \dfrac{SS_R / 1}{SS_E / (n-2)}$$

其中，回归平方和 $SS_R = \sum_{i=1}^{n}(\hat{y}_i - \bar{y})^2$，表示估计值相对样本均值的波动；残差平方和 $SS_E = \sum_{i=1}^{n}(y_i - \hat{y}_i)^2$，表示观测值偏离回归直线的程度。

在方程拟合优度检验结果显著的情况下，还需要进一步进行变量的显著性检验[①]。变量的显著性检验是利用 t 检验，即构造服从 t 分布的检验统计量，其具体形式为

$$T = \dfrac{\hat{b}}{\hat{\sigma}} \sqrt{l_{xx}}$$

其中

$$\hat{b} = \dfrac{\sum_{i=1}^{n}(x_i - \bar{x})(y_i - \bar{y})}{\sum_{i=1}^{n}(x_i - \bar{x})^2}$$

$$\hat{\sigma}^2 = \dfrac{SSE}{n-2} = \dfrac{1}{n-2}\sum_{i=1}^{n}(y_i - \hat{y}_i)$$

$$l_{xx} = \sum_{i=1}^{n}(x_i - \bar{x})^2$$

检验的过程还包括残差分析，即检验残差的方差齐性，可以通过残差与回归预测值或标准化残差与标准化预测值的散点图进行检验。

如果满足方差齐性条件，不同预测值对应的残差应大致相同，即图中各点均匀分布，不会出现特殊的分布形状。如果残差点分布不均匀，形成漏斗或者扇形，会出现图 8-2

[①] 尤其是多元线性回归中，这一环节要解决的问题是逐一检验每一个解释变量是否都对因变量有显著影响。

所示的情形，那么就有理由认为方差不齐。如果不满足方差齐性条件，也可以通过一些统计手段进行矫正。例如，采用加权最小二乘法回归，改用更加稳健的分析方法以及转换数据等。

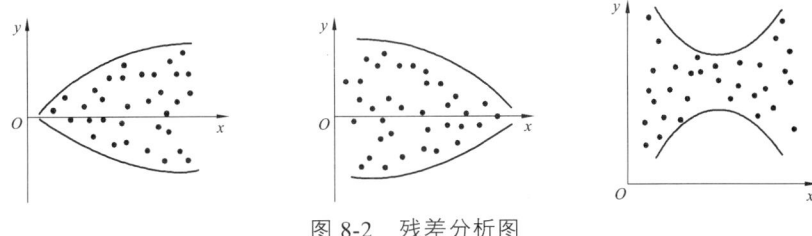

图 8-2 残差分析图

以上环节就是判断回归分析得到的模型优劣性究竟如何，是否有信心将其用于统计预测？如果检验结果让我们对回归模型有足够把握，那么就进入回归分析的最终应用——统计预测。

和参数估计类似，预测分为点预测和区间预测。给定解释变量 x 的值 x_0，因变量的点预测为

$$\hat{y}_0 = \hat{a} + \hat{b}x_0$$

置信水平为 $1-\alpha$ 的预测区间为

$$\left(\hat{y}_0 - t_{\alpha/2}(n-2) \cdot \hat{\sigma} \sqrt{1 + \frac{1}{n} + \frac{(x_0 - \overline{x})^2}{l_{xx}}} \ , \ \hat{y}_0 + t_{\alpha/2}(n-2) \cdot \hat{\sigma} \sqrt{1 + \frac{1}{n} + \frac{(x_0 - \overline{x})^2}{l_{xx}}} \right)$$

8.1.2 线性回归分析的具体实现

重新回到例 8-1，下面详细介绍线性回归分析的实现过程以及问题的延伸和结果阐述。

> **问题分析**

（1）数值计算能力（quant）和分析问题能力（analytic）对语言表达能力（verbal）是否存在线性影响？如果存在，即

$$\begin{cases} \text{verbal} = b_0 + b_1 \cdot \text{quant} + b_2 \cdot \text{analytic} + e \\ e \sim N(0, \sigma^2) \end{cases}$$

（2）模型合适吗？从统计的角度来判断模型的优劣性，主要有以下三个方面：

① 模型的拟合优度检验；

② 变量的显著性检验——多元线性回归中究竟哪些解释变量对响应变量的影响是显著的呢；

③ 残差分析——随机误差是否满足模型的基本假定条件。

（3）给出未知参数的估计 $\hat{b}_0$，$\hat{b}_1$，$\hat{b}_2$，$\hat{\sigma}^2$。

（4）预测或控制（本问题只有预测）。

> **实现过程**

打开 SPSS 软件建立数据文件"数据 17_IQdata.sav",回归分析的第一步是散点图,根据图像先作直观判断。这里有三个变量,可以在散点图中选择"矩阵散点图",如图 8-3 所示。

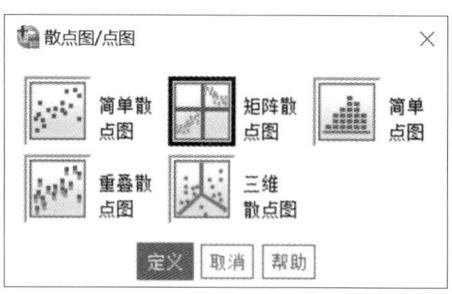

图 8-3 散点图选择

所谓矩阵散点图,指将多个变量两两之间的散点图采用矩阵形式展示。在图 8-4 所示的对话框中,将三个变量"语言表达能力""数值计算能力""分析问题能力"选入"矩阵变量"栏,点击"确定"。

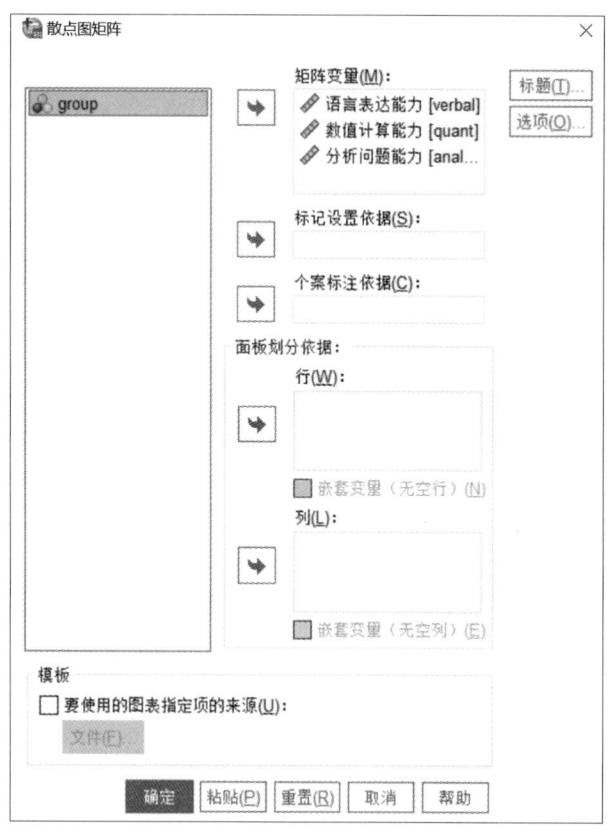

图 8-4 矩阵散点图对话框

SPSS 软件绘制的矩阵散点图如图 8-5 所示，以语言表达能力为响应变量，通过它和数值计算能力、分析问题能力的散点图，可以看出它们之间的关系是近似线性的。图 8-6 给出了语言表达能力和数值计算能力的散点图，红色直线就是我们期望找到的拟合直线。

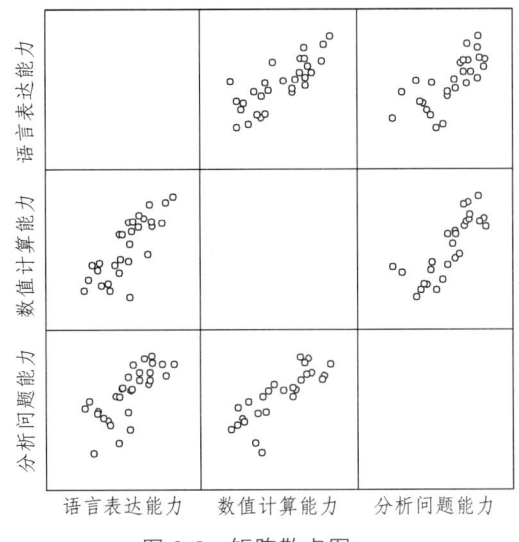

图 8-5　矩阵散点图 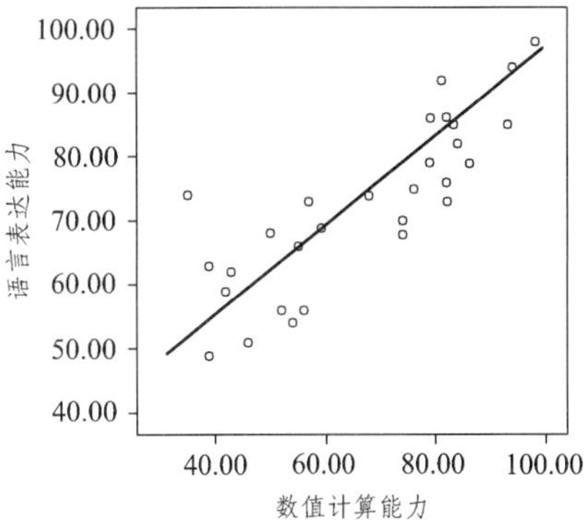　　　　　　　　图 8-6　散点图及拟合直线

散点图可以看作是回归分析的预备工作，接下来就是回归分析的具体实现过程。打开数据文件的窗口，在"分析"下拉菜单依次选择"回归"→"线性"，如图 8-7 所示。

图 8-7　回归分析的找寻路径

弹出线性回归主对话框（见图8-8），将"语言表达能力[verbal]"选入因变量栏，将"数值计算能力[quant]"和"分析问题能力[analytic]"选入自变量栏。

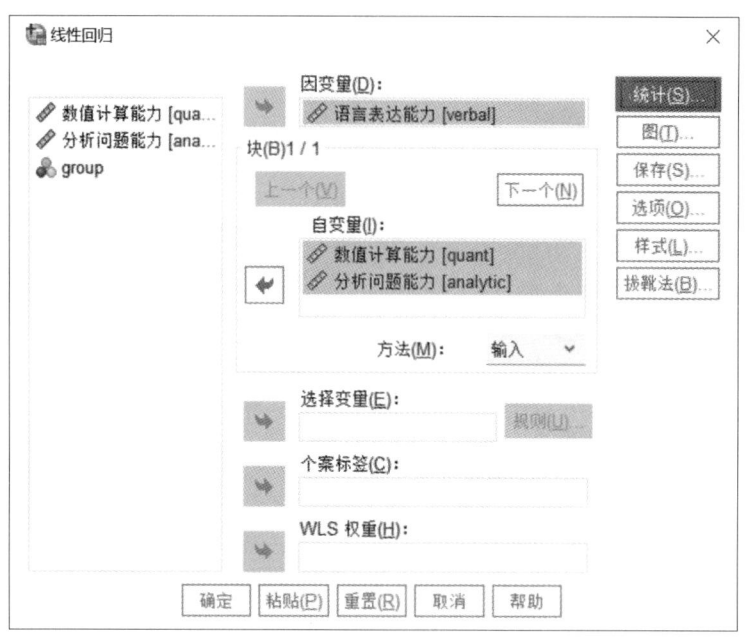

图8-8　线性回归主对话框

点击线性回归主对话框右侧的"统计"按钮，会弹出相应对话框（见图8-9），勾选"回归系数"的选项"估计值""模型拟合"，以及"残差"的选项"德宾-沃森""个案诊断"。

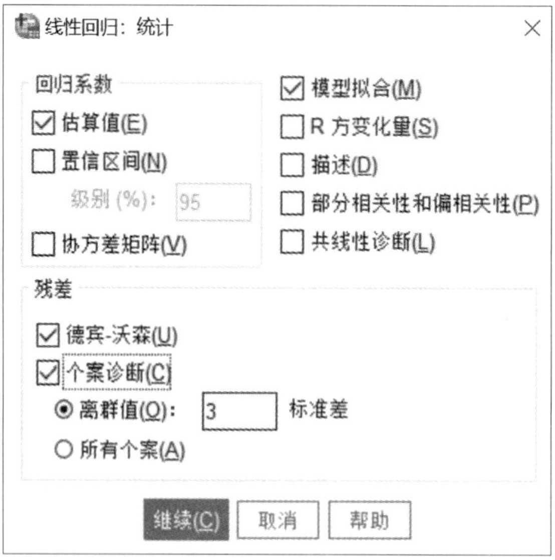

图8-9　统计量对话框

一般来说，德宾-沃森，即Durbin-Watson检验值分布在0~4之间，越接近2，观测值相互独立的可能性越大。但需注意，Durbin-Watson检验不是万能的，它仅适用于对邻近观测值相关性的检验。例如，实际使用中我们一般按照调查顺序录入数据，第一位研究对象录入到第一行，再将第二位研究对象录入到第二行。在这种情况下，Durbin-Watson 检验可以检测出第一位研究对象和第二位研究对象之间的相关性。但是如果我们乱序录入数据，第一位研究对象与可能和他存在自相关的第二位研究对象离得很远，Durbin-Watson 检验的结果就不准确了。因此，实际使用中需要慎重对待 Durbin-Watson 检验的结果。在实际研究中，观测值是否相互独立与抽样设计有关，通常在设计抽样方案时已经考虑了独立性问题。如果研究者确信观测值不会相互影响，可以不进行 Durbin-Watson 检验。

个案诊断则是按照输入的标准（这里是 3 倍标准差）甄别样本数据中的离群值。

返回线性回归主对话框，点击"图"按钮，弹出相应对话框，如图 8-10 所示。

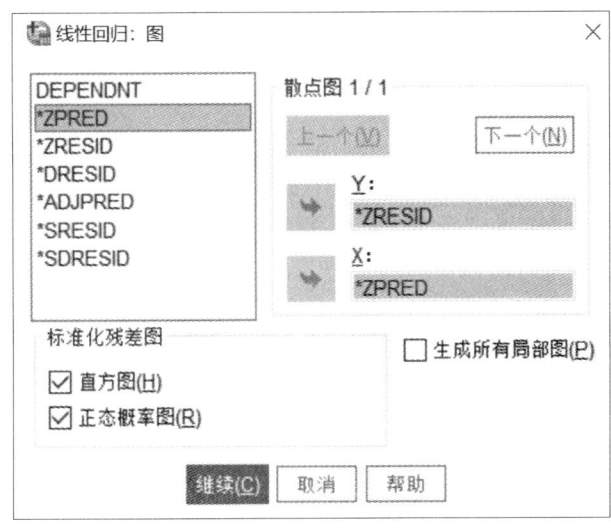

图 8-10　图对话框

图 8-10 中，左侧栏中的各变量解释如下：

DEPENDNT：因变量；

ZPRED：标准化预测值；

ZRESID：标准化残差；

DRESID：删除残差；

ADJPRED：调节预测值；

SRESID：学生化残差；

SDRESID：学生化删除残差。

返回主对话框后点击"确定"，运行回归分析并输出结果。

结果阐述

（1）数值计算能力（quant）和分析问题能力（analytic）对语言表达能力（verbal）是否存在线性影响？

回答这个问题，要先看表 8-1，这是对回归方程拟合情况的描述。

表 8-1　模型摘要[b]

模型	R	R^2	调整后 R^2	标准估计的错误
1	.819[a]	.671	.646	7.71812

a. 预测变量：(常量)，分析问题能力，数值计算能力。
b. 因变量：语言表达能力。

表 8-1 中，第一个指标 R 是回归的多重相关系数。但实际上，简单线性回归并不关注 R 值。第二个指标 R^2 是样本决定系数，代表回归模型中自变量对因变量变异的解释程度，是分析回归结果的开始。本书中，$R^2=0.671$，提示自变量（分析问题能力、数值计算能力）可以解释 67.1%的因变量（语言表达能力）变异。但是，R^2 有时候会夸大自变量对因变量变异的解释程度，如果模型中增加一个自变量，即使这个自变量在统计上并不显著，R^2 也会增大。第三个指标是调整后 R^2，即校正后的决定系数，它剔除了自变量个数的影响，这使得调整后 R^2 永远小于 R^2，且调整后 R^2 的值不会由于自变量个数的增加而越来越接近 1。本例中，调整后 $R^2=0.646$，小于 R^2（即 0.671），校正了 R^2 对于总体自变量对因变量变异解释程度的夸大作用。本例中，调整后 $R^2=0.646$，数值计算能力和分析问题能力对语言表达能力的解释程度中等。

（2）模型合适吗？

① 模型的拟合优度检验。

校正后的决定系数是关于模型对数据拟合程度的一个直观刻画，整体的模型检验结果形成方差分析表（见表 8-2）。其中检验统计量 $F=27.473$，显著性 Sig.=0，拒绝原假设，说明模型具有统计学意义。

表 8-2　方差分析表

ANOVA[a]

模型		平方和	自由度	均方	F	显著性
1	回归	3273.092	2	1636.546	27.473	<.001[b]
	残差	1608.375	27	59.569		
	总计	4881.467	29			

a. 因变量：语言表达能力。
b. 预测变量：(常量)，分析问题能力，数值计算能力。

② 解释变量的显著性检验——多元线性回归中究竟哪些解释变量对响应变量的影响是显著的呢。

确认了回归方程整体拟合的优良性，再观察表 8-3 中回归系数显著性检验的情况，主要看两个自变量对应的显著性结果，其中"数值计算能力"对应的检验统计量 $t=3.107$，显著性 Sig.=0.004，远小于 0.05，说明自变量"数值计算能力"对因变量"语言表达能力"具有显著影响；而"分析问题能力"对应的检验统计量 $t=1.200$，显著性 Sig.=0.241，大于 0.05，意味着没有充足理由拒绝原假设，即自变量"分析问题能力"对因变量"语言表达能力"没有显著影响，应当从回归模型中剔除。

表 8-3　回归系数 [a]

模型		未标准化系数		标准化系数	t	显著性
		B	标准错误	Beta		
1	（常量）	32.171	5.886		5.465	<.001
	数值计算能力	.428	.138	.612	3.107	**.004**
	分析问题能力	.170	.141	.236	1.200	**.241**

a. 因变量：语言表达能力。

该分析结果意味着模型的自变量只有一个"数值计算能力"，而此时输出的分析结果仍是之前选择的"数值计算能力"和"分析问题能力"两个自变量，所以接下来要重新选择自变量并构建模型进行回归分析。

（1）数值计算能力（quant）对于语言表达能力（verbal）是否存在线性影响？

在线性回归主对话框中，将"语言表达能力[verbal]"选入因变量栏，将"数值计算能力[quant]"选入自变量栏，再次重复前面的操作过程，得到新的输出结果（见表 8-4）。

表 8-4　模型摘要 [b]

模型	R	R^2	调整后 R^2	标准估计的错误
1	.808[a]	.653	.641	7.77855

a. 预测变量：（常量），数值计算能力。
b. 因变量：语言表达能力。

新模型校正后的决定系数，即调整后 R^2=0.641，该回归方程的拟合效果较好。

（2）模型合适吗？

① 模型的拟合优度检验。

表 8-5 中，检验统计量 F=52.678，显著性 Sig.=0，说明回归模型具有统计学意义。

表 8-5　方差分析表

ANOVA[a]

模型		平方和	自由度	均方	F	显著性
1	回归	3187.305	1	3187.305	52.678	<.001[b]
	残差	1694.161	28	60.506		
	总计	4881.467	29			

a. 因变量：语言表达能力。
b. 预测变量：（常量），数值计算能力。

② 自变量的显著性检验。

模型具有显著的统计学意义，再观察表 8-6 的分析结果，数值计算能力是自变量，其检验统计量 t=7.258，显著性 Sig.=0，远小于常用的显著性水平 0.05，意味着数值计算能力对语言表达能力的影响是非常显著的，即回归模型中选择的自变量是合理的。

表 8-6　回归系数 [a]

模型		未标准化系数		标准化系数	t	显著性
		B	标准错误	Beta		
1	（常量）	35.118	5.391		6.514	<.001
	数值计算能力	.565	.078	.808	7.258	<.001

a. 因变量：语言表达能力。

③ 残差分析——随机误差是否满足模型的基本假定条件。

表 8-7 是残差的描述统计量汇总表。

表 8-7　残差统计 [a]

	最小值	最大值	平均值	标准偏差	个案数
预测值	54.8963	90.4979	72.8667	10.48366	30
残差	-11.63332	19.10367	.00000	7.64326	30
标准预测值	-1.714	1.682	.000	1.000	30
标准残差	-1.496	2.456	.000	.983	30

a. 因变量：语言表达能力。

残差分析的主要目的是检验随机误差是否满足基本假定，散点图用于判断随机误差的方差齐性，P-P 图用于诊断残差是否近似正态。

散点图（见图 8-11）结果显示，标准化残差与标准化预测值的散点图中各点均匀分布，即可以认为随机误差满足方差齐性。

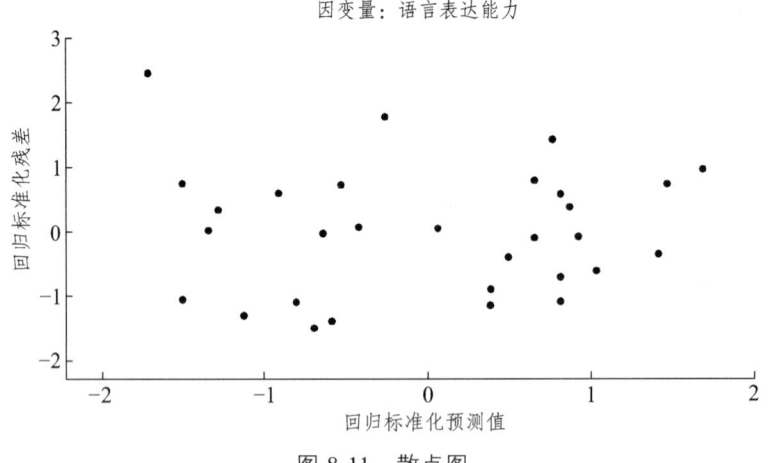

图 8-11　散点图

P-P 图各点分布离对角线越近，数据越接近正态分布；如果各点刚好落在对角线上，那么数据就是正态分布。简单线性回归仅要求回归残差接近正态分布，因此根据正态 P-P 图（见图 8-12），可以认为本例数据满足近似正态的假定。

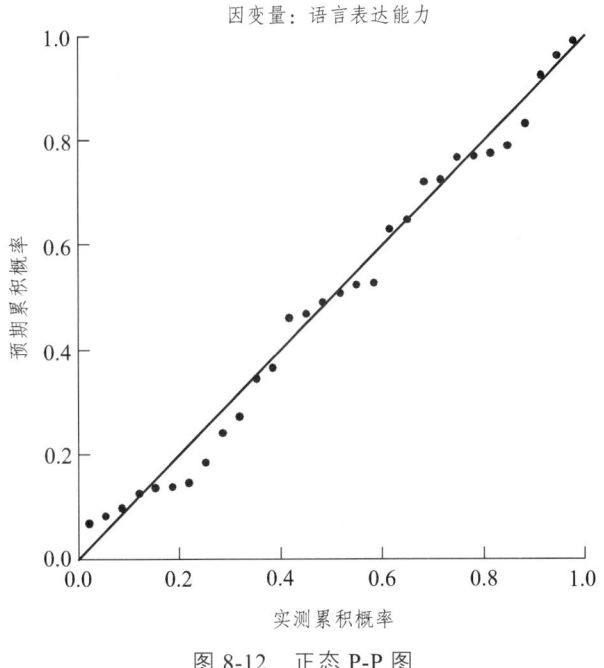

图 8-12　正态 P-P 图

（3）给出未知参数的估计 $\hat{b}_0$，$\hat{b}_1$，$\hat{\sigma}^2$。

表 8-8 在给出变量显著性检验结果的同时，也给出了回归模型的参数估计结果。

表 8-8　回归系数 [a]

模型		未标准化系数		标准化系数	t	显著性
		B	标准错误	Beta		
1	（常量）	35.118	5.391		6.514	<.001
	数值计算能力	.565	.078	.808	7.258	<.001

a. 因变量：语言表达能力。

本例中，回归模型为

$$\begin{cases} \text{verbal} = b_0 + b_1 \cdot \text{quant} + e \\ e \sim N(0,\ \sigma^2) \end{cases}$$

在 SPSS 软件中，截距被称为"常量"，即 35.118。截距指标是指当自变量为 0 时因变量的值。在本例中，回归截距提示数值计算能力为 0 时，受调查者语言表达能力的平均值为 35.118。需强调的是，无论截距的统计检验结果如何，是否具有统计学意义，在进行简单线性回归时都无须十分关注这项指标。更需关注的指标是斜率，斜率代表自变量每改变一个单位后因变量的变化值。在本例中，数值计算能力的斜率是 0.565，表示数值计算能力每增加 1 分，语言表达能力增加 0.565 分。举例来说，如果某受调查者数值计算能力从 70 分增加到 80 分，其语言表达能力将增加 0.565×10=5.65 分。同样地，也可以计算出数值计算能力每增加 5 分、15 分、20 分时，对应的语言表达能力的增加值。但是，也不能无限制地改变数值计算能力。为了避免对数据的过度挖掘，一般要求在自变量观测到的最大值和最小值之间进行计算。将系数代入回归方程，得到

$$\hat{verbal} = 35.118 + 0.565 \times quant$$

根据这个方程，可以计算合理范围内任意的数值计算能力对应的语言表达能力。

（4）预测或控制（本问题只有预测）。

将数值计算能力代入方程，可以得到语言表达能力的预测值。例如，某位研究对象测试的数值计算能力为 80 分，代入方程后，可预测其语言表达能力为 35.118+0.565×80=80.318。

该预测值有两种含义：

第一，如果我们调查了目标人群中所有数值计算能力为 80 分的人，他们的语言表达能力的平均值应为 80.318。

第二，如果某位受调查者的数值能力为 80 分，那么 80.318 是其语言表达能力的最佳估计值。

8.2 Logistic 回归分析

在 8.1 节介绍的线性回归模型中，要求因变量是连续型随机变量，且符合正态性和方差齐性等条件。而在实际问题分析中，有一些因变量是分类变量（即定性变量），那么就不能使用线性回归模型进行分析。通常情况下，这类问题可以采用 Logistic 回归模型进行分析。下面结合实例对 Logistic 回归模型的问题提出、基本思想和软件实现过程、结果阐述几个方面逐一介绍。

【例 8-2】世界卫生组织推荐使用身体质量指数（BMI）作为评价体重是否正常的标准。通常根据 BMI 是否大于等于 25，来判断被调查者是否肥胖。BMI 越大，说明被调查者越肥胖。BMI 的计算公式如下：

$$BMI = \frac{体重}{[身高]^2}$$

其中，体重的单位是公斤/kg，身高的单位是米/m。

某单位 3 983 位参加体检的员工中有 388 位肥胖者，他们的 BMI 都大于等于 25，对这 388 位教职工进行心血管病检查，体检结果如表 8-9 所示。

表 8-9 体检数据

是否患心血管病	体质指数 BMI					
	25	26	27	28	29	≥30
是	68	55	66	32	21	25
否	42	38	20	10	7	4
患病率	0.62	0.59	0.77	0.76	0.75	0.86

> **问题分析**

观察表 8-9 的数据，从患病率与对应的 BMI 指数来看，当 BMI 是 25 和 26 时，患病率比较接近；当 BMI 介于 27~29 时，患病率的差异也比较小。但总的来说，随着 BMI 的增加，肥胖者患心血管病的概率也在增加。所以，我们的问题是：

对于肥胖者而言，患心血管病的概率 p 和体质指数 BMI 之间的关系能否用一个明确的函数表达式来描述呢？

每一个样本能观测到的数据是 BMI（数值型）和是否患心血管病 Y（只有 0 和 1 两个取值的定性数据），这里的因变量即是否患有心血管病，即"是"或"否"，为二分类变量。从统计学的角度来看，因变量 Y 服从二项分布，概率 p 即 $P\{Y=1\}$；而不同的肥胖程度对应着不同的 BMI，患心血管病的概率 p 是会有变化的。

我们希望利用 Logistic 回归模型探究概率 p 随 BMI 变化所呈现的规律。

首先介绍 Logistic 回归模型的基本概念和基本思想。

8.2.1 二分类 Logistic 回归模型

设因变量 Y 只取两个值 0 和 1，Y 取 1 的概率记为 $p(0<p<1)$，取 0 的概率则为 $1-p$，即 $P\{Y=1\}=p$，$P\{Y=0\}=1-p$，则

$$h(p)=\ln\frac{p}{1-p}$$

称为 p 的 Logistic 变换。设有 k 个因素（即解释变量）$x_1,x_2,\cdots,x_k$ 影响 Y 的取值，则

$$\ln\frac{p}{1-p}=b_0+b_1x_1++b_2x_2+\cdots+b_kx_k$$

称为 Logistic 线性回归模型，其中 $b_0,b_1,\cdots,b_k$ 是待估参数。与线性回归模型相似，b_0 是常数项（或截距项），b_i 是解释变量 x_i 对应的偏回归系数。

对于 Logistic 线性回归分析，参数 $b_0,b_1,\cdots,b_k$ 的估计通常是用最大似然估计法来确定，SPSS 和 R 等统计软件都可以直接实现。

Logistic 回归模型的检验分为两个环节：模型的整体拟合优度检验；单个自变量的显著性检验。常用的检验方法有似然比检验和 Wald 卡方检验。

（1）似然比检验（Likelihood Ratio Test）。

Logistic 回归模型的整体拟合优度检验，检验原假设为

$$H_0:b_1=b_2=\cdots=b_k=0$$

即所有自变量的回归系数均为 0，接受原假设意味着回归模型拟合是失败的。似然比检验的基本思想是比较两种不同假设条件下对数似然函数值的差别大小，如果似然比检验统计量的观测值很大，就可以认为选择 Logistic 回归模型是合适的。

（2）Wald 卡方检验。

如果 Logistic 回归模型整体检验是有意义的，还需要对模型中每一个自变量的回归系数进行检验，原假设为 $H_{0i}:b_i=0$，根据 Wald 统计量的显著性（即 Sig.）判断每一个自变量对模型的贡献或作用。

模型通过检验之后，接下来要做的是好好利用模型展开实际问题的分析和研究。我们对 Logistic 线性回归模型进行变换，可以得到

$$\frac{p}{1-p}=\exp\{b_0+b_1x_1++b_2x_2+\cdots+b_kx_k\}$$

此处的 $\frac{p}{1-p}$ 称为优势比（odds ratio），即 OR 值。进一步，还可以得到

$$p=\frac{\exp\{b_0+b_1x_1++b_2x_2+\cdots+b_kx_k\}}{1+\exp\{b_0+b_1x_1++b_2x_2+\cdots+b_kx_k\}}$$

也就是说，根据模型可以反算出概率 p。

8.2.2　二分类 Logistic 回归分析的具体实现

重新回到例 8-2，下面详细介绍 Logistic 回归分析的实现过程以及问题的延伸和结果阐述。

【问题分析】

（1）对于肥胖者而言，患心血管病的概率 p 和 BMI 之间的关系可以利用 Logistic 回归模型来描述吗？如果可以，建立 Logistic 线性回归模型：

$$\ln\frac{\hat{p}}{1-\hat{p}}=\hat{b}_0+\hat{b}_1\cdot\text{BMI}$$

（2）给出未知参数的估计 $\hat{b}_0,\hat{b}_1$。

（3）预测不同的 BMI 对应的心血管病患病概率 p，利用 OR 值作更深入的分析。

【实现过程】

打开 SPSS 软件建立数据文件"数据 18_BMI 与心血管病.sav"，在"分析"下拉菜单依次选择"回归"→"二元 Logistic"，如图 8-13 所示。

在 Logistic 回归主对话框中，将"是否患有心血管病"选入"因变量"栏，将"BMI"选入协变量（即"块 1/1"）栏中，在"方法"下拉列表中，可以选择变量进入模型的方法，此处选择"输入"①，如图 8-14 所示。

---

① 如果问题中有多个自变量，被选入协变量（即"块 1/1"）栏的自变量都进入模型，即全变量模型。

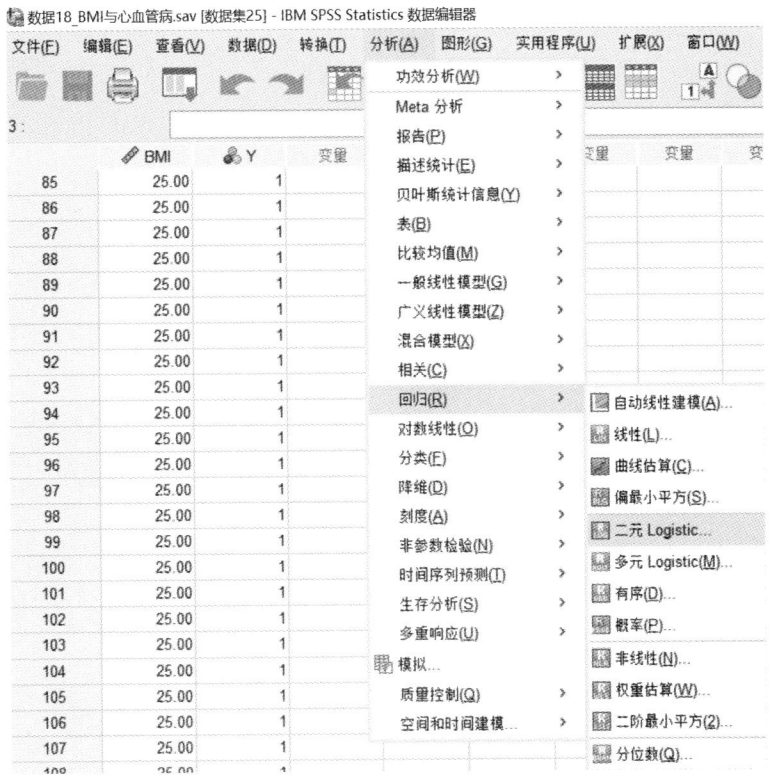

图 8-13 二元 Logistic 回归分析的找寻路径

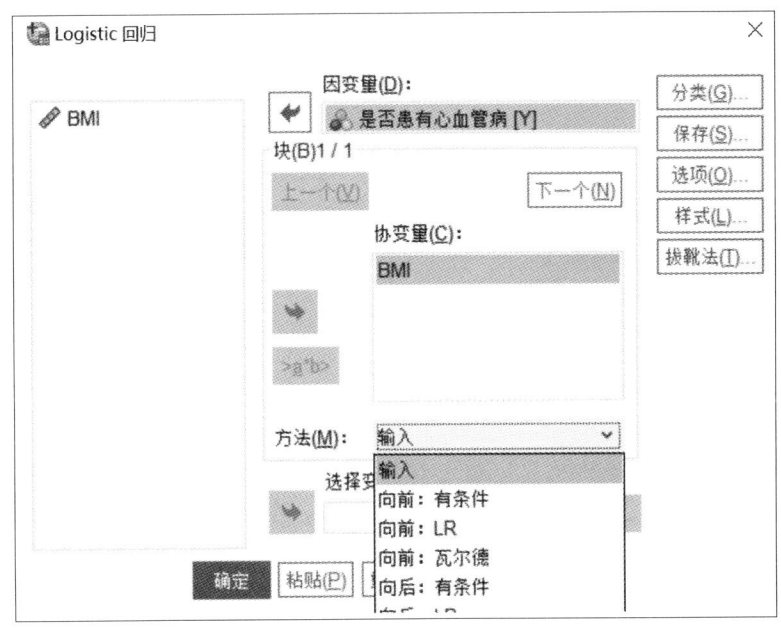

图 8-14 Logistic 回归主对话框

点击右侧的"保存"按钮，会弹出图 8-15 所示的对话框，选择"预测值"复选框中的"概率"和"组成员"。

图 8-15 Logistic 回归的保存对话框

概率指事件发生的概率。本例中,事件是指"患有心血管病",显然这正是我们所要预测的 $\hat{p} = \hat{P}\{Y=1\}$。

组成员指预测观测个体所属组别,即 $Y=0$ "未患心血管病"组,或 $Y=1$ "患心血管病"组。

单击"继续"按钮,返回 Logistic 回归主对话框,点击"选项"按钮,弹出图 8-16 所示的选项对话框。

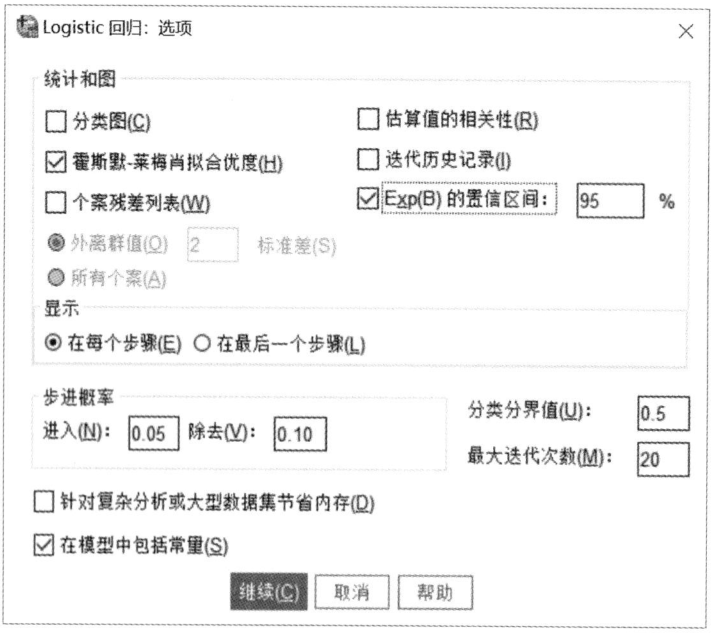

图 8-16 Logistic 回归的选项对话框

选择以下选项：

（1）霍斯默-莱梅肖拟合优度（H），即 Hosmer-Lemeshow goodness-of-fit，检验模型的拟合优度，根据其结果可以判断模型是否适合。

（2）Exp（B）的置信区间（95%）：OR 值的区间估计，置信水平默认值是 95%，也可以输入修改。

（3）在最后一个步骤：只输出最终的分析结果。

（4）步进概率：对于多个自变量的情况用于逐步筛选变量的概率临界值，图中的两个值都是系统默认。

（5）分类分界值：以预测概率 0.5 为分类变量的分界点，即如果对某个个体而言，根据模型计算出其患心血管病的概率是 0.53，按照分类规则就会对其因变量 Y 赋值为 1；如果计算出的概率是 0.498，则对因变量 Y 赋值为 0。这里的 0.5 是系统默认值，也可以输入更改。

（6）最大迭代次数：系统默认 20 次，可以根据需要手动更改。

返回 Logistic 回归主对话框，点击"确定"按钮，运行 Logistic 回归分析并输出结果。Logistic 回归分析结果给出了很多表格，根据【问题分析】，我们重点关注以下表格。

结果阐述

（1）对于肥胖者而言，患心血管病的概率 p 和 BMI 之间的关系可以利用 Logistic 回归模型来描述吗？

上述问题换个说法就是：模型合适吗？

表 8-10 给出了模型系数的全局性（Omnibus）检验，即模型检验中的似然比检验。

表 8-10 模型系数的全局性检验

		卡方	自由度	显著性
步骤 1	步骤	11.465	1	<.001
	块	11.465	1	<.001
	模型	11.465	1	**<.001**

我们重点关注最后一行"模型"对应的似然比卡方值是 11.465，自由度是 1，显著性 Sig.<0.001<0.05，说明拟合的模型中至少有一个自变量的系数不为 0，即模型具有统计学意义。

再来看表 8-11 给出的霍斯默-莱梅肖检验（Hosmer and Lemeshow Test），这也是模型的拟合优度检验，当显著性 Sig.的值大于检验标准（通常取 0.05）时，就有理由认为当前数据中的信息已经被充分提取，即模型是适合的。

表 8-11 霍斯默-莱梅肖检验

步骤	卡方	自由度	显著性
1	3.886	4	.422

显然，本例中 Sig.=0.422>0.05，选择 Logistic 模型是恰当的，这与表 8-10 的结果完全一致。

（2）给出未知参数的估计 $\hat{b}_0, \hat{b}_1$。

参数 b_0, b_1 的显著性检验和估计结果均呈现在表 8-12 中。本例中，只有 1 个自变量 BMI，其显著性 Sig.=0.001<0.05，说明变量 BMI 在模型中具有显著意义[①]。

表 8-12　方程中的变量

		B	标准误差	瓦尔德	自由度	显著性	Exp（B）	EXP（B）的95%置信区间	
								下限	上限
步骤 1[a]	BMI	.257	.079	10.601	1	**.001**	1.293	1.108	1.509
	常量	−6.032	2.089	8.336	1	.004	.002		

a. 在步骤 1 输入的变量：BMI。

表 8-12 中，B 对应偏回归系数，即 $\hat{b}_0 = -6.032$，$\hat{b}_1 = 0.257$，用 Logistic 线性回归模型表示，即

$$\ln \frac{\hat{p}}{1-\hat{p}} = -6.032 + 0.257 \cdot \text{BMI}$$

BMI 的系数为正，说明身体越肥胖，患心血管病的可能性就越高。

（3）预测不同的 BMI 对应的心血管病患病概率 p，利用 OR 值作更深入的分析。

因为在图 8-15 中我们勾选了"概率"，所以分析之后在数据文件"数据 18_BMI 与心血管病.sav"中自动生成了一个新的变量 PRE_1，其数值就是根据模型计算出来的不同的 BMI 对应的心血管病患病概率，如图 8-17 所示，当 BMI=25 时，心血管病的患病概率就是 0.596 90；当 BMI=29 时，患病概率升至 0.805 43；当 BMI=30 时，这个值变为 0.842 58，心血管病患病概率更大。

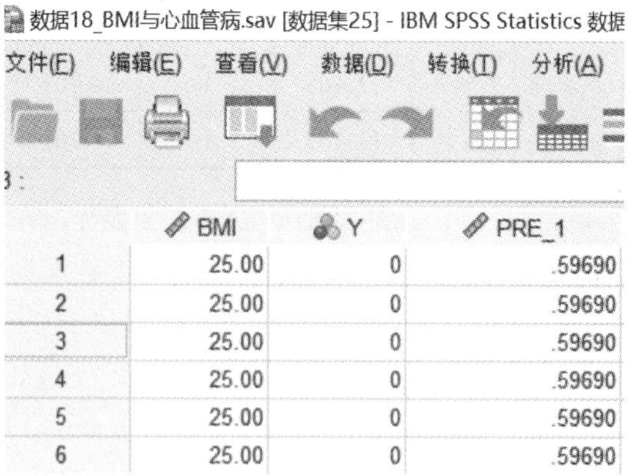

图 8-17　患病概率的预测值

---

① 这就是单个变量的显著性检验，当模型中有多个自变量的时候，根据表中各自变量对应的显著性来判断其对模型的贡献。

需要注意的是，表 8-12 中的 Exp(*B*) 就是 OR 值，一列是点估计值，最后两列对应区间估计的置信下限和置信上限。本例中 OR=1.293，意味着 BMI 上升 1 个单位，心血管病患病概率相对于不患病概率的优势比会是 1.293 倍的变化。例如，当 BMI=29 时，患病概率 $p=0.80543$，不患病概率 $1-p=0.19457$，计算得 $\frac{p}{1-p}=4.13954$；当 BMI=30 时，患病概率 $p=0.84258$，不患病概率 $1-p=0.15742$，计算得 $\frac{p}{1-p}=5.35243$。所以 $5.35243/4.13954 \approx 1.293$，这就是所谓的 OR 值。

参考文献

[1] 曾五一，肖红叶. 统计学导论[M]. 北京：科学出版社，2006.
[2] 西南交通大学数学学院统计系. 概率论与数理统计[M]. 2版. 北京：科学出版社，2017.
[3] 武松，潘发明 等. SPSS统计分析大全[M]. 北京：清华大学出版社，2014.
[4] 吴明隆. SPSS统计应用实务——问卷分析与应用统计[M]. 北京：科学出版社，2003.
[5] 何平. 数理统计与多元统计[M]. 成都：西南交通大学出版社，2007.
[6] 王静龙，梁小筠. 定性数据分析[M]. 上海：华东师范大学出版社，2005.
[7] 曾五一，肖红叶. 统计学导论[M]. 北京：科学出版社，2006.
[8] 吴喜之. 统计学——基于R的应用[M]. 北京：中国人民大学出版社，2014.